对外汉语教学丛书

科技汉语

Chinese for Science and Technology

冀芳 编

WUHAN UNIVERSITY PRESS
武汉大学出版社

图书在版编目(CIP)数据

科技汉语/冀芳编.—武汉：武汉大学出版社，2021.11
对外汉语教学丛书
ISBN 978-7-307-22579-4

Ⅰ.科…　Ⅱ.冀…　Ⅲ.科学技术—汉语—对外汉语教学—教材
Ⅳ.H195.4

中国版本图书馆 CIP 数据核字(2021)第 182726 号

责任编辑:陈　豪　　责任校对:汪欣怡　　版式设计:马　佳

出版发行：**武汉大学出版社**　(430072　武昌　珞珈山)
(电子邮箱：cbs22@ whu.edu.cn　网址：www.wdp.whu.edu.cn)
印刷：武汉中远印务有限公司
开本:720×1000　1/16　印张:7　字数:123 千字　插页:2
版次:2021 年 11 月第 1 版　2021 年 11 月第 1 次印刷
ISBN 978-7-307-22579-4　定价:28.00 元

作者简介

冀芳，文学博士，长安大学人文学院副教授，汉语国际教育专业硕士生导师，英国谢菲尔德大学访问学者。从事留学生汉语教学工作十余年，为本专业研究生讲授“第二语言习得”“教学调查与分析”等课程。主要研究方向为语言政策、传播语言学等。主持国家社科基金、国家语委、陕西省社科基金、陕西省社会科学界重大理论与现实问题研究等课题10多项。在各类学术刊物上发表研究论文30余篇，获陕西省哲学社会科学优秀成果三等奖、陕西高等学校人文社科研究优秀成果奖二等奖等奖项。

前　言

本教材是为留学生学习汉语编写的，适用对象是高等院校理工科专业的本科一年级或研究生一年级留学生，既可作为科技汉语课教学使用，也可作为学生课外阅读材料使用。要求留学生具有初级汉语水平，能达到 HSK（汉语水平考试）三级水平。

教材涉及基础科普类知识，分为路桥、建筑、信息技术及安全、土木工程、医学防疫、环境保护、新能源等多个主题。教材内容主要搜集于国内新闻报纸、科普类书籍、网站以及相关论文，精心挑选内容新颖、紧跟时代、富有趣味性的科普题材，激发学生的学习动机，为学生了解理工科专业的学术前沿知识提供渠道。

教材选取了 HSK 大纲三级、四级词汇作为生词，HSK 大纲五级以上的词汇作为拓展生词，在课文中标注拼音和英文释义。在帮助学生掌握巩固基础词汇的基础上，扩大学生的汉语词汇量，了解理工科相关专业术语。课后还设有阅读练习题，重点在于帮助学生学习科技汉语的表达方式、词汇语法特点，以及为学生提供实用的阅读技巧、科技常识等。同时，着重训练学生的阅读理解能力，清除理工科专业学习中由专业术语、长难句而引起的阅读理解障碍。力求提高学生的阅读速度，培养学生的阅读技能，为理工科专业的学习打下扎实的基础。

本教材编写体例如下：

每课由生词、专有名词、注释、课文、练习、课后练习题答案、生词表等内容组成。第一部分包括生词、专名、注释，便于学生进行课前预习。生词部分包括生词表、拼音、词性和英文释义，生词为 HSK 三级、四级词汇。注释部分主要包括重要词语、专业术语以及相关社会文化背景知识。同时，对课文中 HSK 五级以上的词汇标注拼音和英文释义，方便学生学习生词和理解课文内容。对生词、专名以及相关词语的注释，参照了《现代汉语词典》《牛津简明英语词典》、百度百科、理工科教材的释义。第二部分为课文，选取了近些年理工科领域的前沿科技文章，为了适应相应的 HSK 等级标准，依据相应等级词汇和语法点，对文章进行了改动，并尽量体现和展示科技文体的特点。每篇课文标注了文章字数，并根据阅读等级要求，提供了阅读文章的参照时间。第三部分为练习题，主要是依据课文回答问题，着重考查对文章内容的理解，题型也参照模仿了 HSK 考试中高级阅读常见的题型。教材后附有生词总表，标记出生词的拼音、词性以及所在的课文篇数，教材最后附有课后练习题答案，方便学生复习时查阅。

教学建议，每课教学时间为 3 学时，前 2 学时用于生词、课文的讲解，后 1 课时用于课后练习题以及课文中的重点、难点讲解。

教材总编写为冀芳，教材第 1~4 课为路桥交通及公共防疫方面的内容，编写人为冀芳、李彤，教材第 5~9 课为环境保护、工程机械方面的内容，编写人为冀芳、王文彦，教材第 10~13 课为土木工程方面的内容，编写人为冀芳、杨祎，教材第 14~17 课为建筑工程方面的内容，编写人为冀芳、张宇，教材第 18~21 课为信息技术及信息安全方面的内容，编写人为冀芳、郭文静。

教材在编写过程中参考了国内外许多文献，借鉴了一些专家、学者的研究成果，每篇课文均标注了作者和出处等，在此对他们表示衷心谢意。

编　者

2020 年 11 月

目　　录

第一课　港珠澳大桥……………………………………………………………… 1
第二课　川藏公路………………………………………………………………… 5
第三课　秦岭终南山隧道 ……………………………………………………… 10
第四课　面对疫情，我们应该知道哪些？ …………………………………… 14
第五课　电子废弃物：一座尚待开采的“金矿” …………………………… 18
第六课　纯电动车用动力电池热管理系统设计 ……………………………… 22
第七课　橡胶混凝土基本性能研究现状分析 ………………………………… 26
第八课　一种新型低噪混凝土振动棒 ………………………………………… 30
第九课　一种管片生产线浇筑工位振捣器自动插拔管装置 ………………… 34
第十课　国家游泳中心——水立方 …………………………………………… 37
第十一课　上海地标——上海中心大厦 ……………………………………… 42
第十二课　国家体育场（鸟巢） ……………………………………………… 47
第十三课　都江堰水利工程 …………………………………………………… 52
第十四课　四合院与四合院文化 ……………………………………………… 57
第十五课　蒙古包 ……………………………………………………………… 61
第十六课　中国古典园林的建筑艺术 ………………………………………… 65
第十七课　苗族吊脚楼建筑研究 ……………………………………………… 69
第十八课　5G 一周年！5G，你为何这么“差”？ ………………………… 73
第十九课　R&S：5G 测试解决方案…………………………………………… 77
第二十课　如何守护孩子的信息安全 ………………………………………… 81
第二十一课　刷脸时代不能漠视面部信息安全 ……………………………… 85

部分练习参考答案 ……………………………………………………………… 89
生词表…………………………………………………………………………… 101

第一课　港珠澳大桥

◎ 生词

1.	伟大	wěi dà	（形）	great
2.	公里	gōng lǐ	（名）	kilometer（km.）
3.	新颖	xīn yǐng	（形）	novel
4.	驾驶	jià shǐ	（动）	drive
5.	俯瞰	fǔ kàn	（动）	overlook
6.	座	zuò	（量）	MW
7.	巨大	jù dà	（形）	gigantic
8.	造型	zào xíng	（名）	sculpt
9.	壮观	zhuàng guān	（形）	grand
10.	繁忙	fán máng	（形）	busy
11.	保护	bǎo hù	（动）	protect
12.	自然	zì rán	（名）	nature
13.	结合	jié hé	（动）	combine
14.	智慧	zhì huì	（名）	wisdom
15.	仰望	yǎng wàng	（动）	look up
16.	名片	míng piàn	（名）	calling card
17.	自信	zì xìn	（名）	confidence

专　名

1.	港珠澳大桥	Gǎng-Zhū-Aò Dà qiáo	HongKong-Zhuhai-Macao Bridge
2.	鸟巢	Niǎo cháo	Beijing Bird's Nest Stadium

◎ 注释

1. 斜拉桥：是将主梁用许多拉索直接拉在桥塔上的一种桥梁。

2. 跨度：建筑物中，梁、拱券两端的承重结构之间的距离。

3. 沉管：是在水底建筑隧道的一种施工方法。在水底预先挖好沟槽，把陆地上的管段沉放到沟槽中并进行连接。

4. 浮吊船：载有起重机的浮动平台，可以在港口内将货物转移至任何需要的地方。

5. 严丝合缝：指缝隙严密闭合。例如：金字塔修得非常好，墙壁严丝合缝。

◎ 课文

港珠澳大桥

字数：789 字　　阅读时间：7 分钟

2018 年 10 月 23 日，蔚蓝色的伶仃洋见证了一个伟大时代的伟大工程所带来的新气象。港珠澳跨海大桥，以其 55 公里的总长度，成为全球最长的跨海大桥，也以其新颖恢宏（huī hóng）（magnificent）的气势成为我们这个星球上的标志性建筑。

假如你驾驶汽车，穿越大桥，从入口到出口，只需 30 分钟左右。但如果换个视角，俯瞰大桥，你就能发现，逶迤（wēi yí）（winding）的桥身，如一条长龙，从珠海洪湾这端起，穿行 30 多公里后，消失于海中，经过海底 6.7 公里穿行后，再次跃出水面，直达香港。

港珠澳大桥不仅仅是一座桥，而且是一项综合工程。它由大桥、人工岛和 6.7 公里海底隧道等共同组成，同时，桥身上还建设了跨度巨大，满足千吨巨轮通航的名为“中国结”“海豚”“风帆”造型的三座斜拉桥，蔚为壮观。建设大桥是一场科技会战。这片海域邻近机场，是繁忙的航道，还是珍稀(zhēn xī)(valuable and rare)保护动物中华白海豚国家级自然保护区域，建桥条件苛刻(kē kè)(harsh)。港珠澳大桥最终选择的桥、岛、隧相结合的完美设计，突破了各种限制条件，由此，港珠澳大桥也成为当今世界综合建设难度最大的跨海大桥工程。

你能想象吗，这座宏伟的大桥，它的桥墩、桥身都是在岸上整件制造，然后组装拼接而成的。就如同儿童搭积木一般，只不过，在天地间搭建这样的“大桥积木”，要严丝合缝，其难度是巨大的，考验的是科研人员的智慧，体现的是国家的制造能力。

如果不是站在大桥现场，仰望那些“庞然大物”组件，你很难对“巨大”一词有真切体会。这座大桥是一座全钢型结构大桥，总用钢量达 42 万吨，相当于 10 个北京鸟巢体育馆的用钢量。也就是说，建设者是把这 42 万吨钢全部变成钢组件，再把它们一件件运到现场拼装起来。在大桥岸边，我们目睹了为建造大桥而建设的巨型厂房，那些上千吨重的桥墩、桥塔、海底沉管、建岛钢管，就是在这里，由巨型制造设备生产完成，由巨轮运往现场，再由多艘巨型浮吊船合力吊装。

如今，中国的桥梁和高铁一样，已经成为中国走向世界的一张名片。而随着这张名片一同递出的，是我们身为国人的自信心。

（选自《光明日报》，金振蓉文，有改动）

◎ 练习

1. 根据课文内容判断正误

（1）“俯瞰”的意思是从下往上看。(　　)

（2）步行穿过港珠澳大桥需要 30 分钟。(　　)

（3）港珠澳大桥的起点在香港。(　　)

（4）港珠澳大桥全部位于海面上。(　　)

（5）港珠澳大桥的桥墩、桥身都是在岸上拼接而成的。(　　)

（6）港珠澳大桥的修建没有破坏周围的生态环境。(　　)

2. 根据课文内容选择正确答案

（1）港珠澳大桥的总长度是（　　）。

A. 55 公里　　B. 30 多公里　　C. 6. 7 公里　　D. 42 公里

（2）以下不是港珠澳大桥建桥条件苛刻的原因是（　　）。

A. 邻近机场　　B. 是繁忙的航道

C. 是国家级自然保护区域　　D. 桥、隧、道相结合

（3）北京鸟巢体育馆的用钢量是（　　）。

A. 10 万吨　　B. 4. 2 万吨　　C. 42 万吨　　D. 4. 2 吨

（4）港珠澳大桥由大桥、人工岛和（　　）共同组成。

A. 海底隧道　　B. 中国结　　C. 风帆　　D. 斜拉桥

（5）当今世界综合建设难度最大的跨海大桥工程是（　　）。

A. 全钢结构大桥　　B. 斜拉桥

C. 港珠澳大桥　　D. 大桥

（6）以下哪个部件不是在巨型厂房里加工完成的（　　）。

A. 桥塔　　B. 海底沉管　　C. 建岛钢管　　D. 巨轮

3. 用适当的词语填空

（1）蔚蓝色的伶仃洋见证了一个________时代的________工程所带来的新气象。

（2）建设大桥是一________科技会战。

（3）如果不是站在大桥现场，________那些“庞然大物”组件，你很难对“巨大”一词有真切体会。

（4）港珠澳大桥不仅仅是一座桥，________是一项综合工程。

（5）港珠澳大桥最终选择的桥、岛、隧相________的完美设计，突破了各种限制条件。

（6）如今，中国的桥梁和高铁一样，已经________中国走向世界的一张名片。

（7）这座宏伟的大桥，它的桥墩、桥身都是在岸上整件制造，然后组装拼接而成的，就如同儿童________积木一般。

第二课　川藏公路

◎ 生词

1.	交通	jiāo tōng	（名）	traffic
2.	通畅	tōng chàng	（形）	unobstructed
3.	融合	róng hé	（动）	fuse
4.	奇迹	qí jì	（名）	miracle
5.	挖	wā	（动）	dig
6.	安全	ān quán	（名）	safety
7.	威胁	wēi xié	（动）	menace
8.	结束	jié shù	（动）	finish
9.	从此	cóng cǐ	（副）	from now on
10.	缓解	huǎn jiě	（动）	remission
11.	经济	jīng jì	（名）	economic
12.	艰苦	jiān kǔ	（形）	hard
13.	彻底	chè dǐ	（副）	thoroughly
14.	舒适	shū shì	（形）	comfortable
15.	经营	jīng yíng	（动）	manage
16.	接待	jiē dài	（动）	reception
17.	培育	péi yù	（动）	cultivate
18.	联系	lián xì	（名）	connection

专　名

1. 川藏公路	Chuān-Zàng Gōng lù	Sichuan-Tibet Highway
2. 成都	Chéng dū	Chengdu
3. 拉萨	Lā sà	Lhasa

◎ 注释

1. 引人注目：吸引人们的注意。例如：动物园里，最引人注目的是那只高大的长颈鹿。

2. 动脉：指在生物体内，从心脏运送血液到全身各器官的多条血管，在这里指主要的交通干线。

3. 牺牲：指为了正义的事情舍弃自己的生命。例如：他在这次战争中英勇牺牲了。

4. 泥石流：是指因为暴雨等其他自然灾害引发的山体滑坡，带有大量泥沙以及石块的特殊洪流。

5. 滑坡：是一种自然现象，地球表面的斜坡土石大量下滑。

◎ 课文

川藏公路

字数：864 字　　阅读时间：7 分钟

翻开中国交通地图，拉萨向东的一条主线引人注目——这是有着“世界公路史奇迹”称号的川藏公路，它像一条大动脉，将西藏与内地紧紧相连。60 多年来，川藏公路从新生到不断升级完善，越来越开阔，越走越通畅，藏区人民小康社会的理想与现实，正随着“天路”的延伸逐渐交织、融合……

从最险到最美：“天路”概念不断丰富

川藏公路东起四川成都市，西至西藏拉萨市，全长两千多公里。1950 年初，进藏大军用血肉之躯和简易工具，逢山开路、遇水架桥，创下世界人类公路史上的一大奇迹。

川藏公路起初是筑路工人用铁锹、钢钳、铁锤等简易工具挖出来的。修建时，滑坡、泥石流、高寒缺氧等时常威胁着工人们的安全。施工第一年，就有2000多人献出了生命，仅雀儿山一个山头就牺牲了300人。川藏公路修建的四年多时间里，3000多人牺牲在筑路途中。这支十多万人的筑路队伍，在世界屋脊上开掘出一条西藏与内地的“血脉通道”，结束了西藏没有现代公路的历史。从此，成千上万物资由川藏公路运到西藏，极大地缓解了西藏物资紧缺状况，拉紧了西藏与内地政治、经济、文化的纽带(niǔ dài)（link）。

60多年来，国家先后投入巨资对川藏公路进行改造和整治，还设立武警交通部队常年守护川藏线最艰苦、海拔最高的800公里路段。二郎山隧道、通麦天险、102滑坡群等多处地段已经彻底疏通(shū tōng)（dredge），既缩短了行车时间，也让行程更安全舒适。

从运输通道到经济走廊：“天路”角色逐渐演变

滚滚前进的车轮，带给沿途老百姓的不仅是“真金白银”，还有创造新生活的动力。位于318国道边的扎西岗村是林芝首批参与旅游业的村庄。目前，扎西岗村68户人家有54户都在经营家庭旅馆，2016年全村已整体脱贫。去年全村接待游客7.5万人次，实现旅游收入400多万元。

四川、西藏两省区还加快高原特色农产品基地(jī dì)（base）建设，培育了青稞、牦牛、藏医藏药等一系列支撑力强、效益显著(xiǎn zhù)（outstanding）的高原特色产业，使特色经济迅速崛起(jué qǐ)（rise），成为藏区经济中最具活力和潜力的亮点。

未来，以川藏公路等为交通纽带，西藏同祖国内地的经济联系将越来越紧密。古老的雪域高原将在现代化进程中走出封闭，拥抱世界。

（选自《新华网》，田金文等文，有改动）

◎ 练习

1. 根据课文内容选择正确答案

(1) “二郎山隧道、通麦天险、102 滑坡群等多处地段已经彻底疏通”中“彻底”表示的程度是（　　）。

A. 100%　　B. 80%　　C. 60%　　D. 40%

(2) “________困难，我们________应该去挑战。”这个句子中可以用下面哪个关联词。

A. 不仅……还　　B. 既……又

C. 如果……就　　D. 越……越

(3) 川藏公路的起点是（　　）。

A. 成都　　B. 拉萨　　C. 西藏　　D. 内地

(4) 川藏公路的修建过程中牺牲了（　　）人。

A. 300　　B. 3000　　C. 2000　　D. 十多万

(5) 四川、西藏培育的高原特色产业有（　　）。

A. 青稞　　B. 牦牛　　C. 藏医藏药　　D. 以上都是

(6) 下面（　　）不是筑路工人修建公路时遇到的威胁。

A. 暴雨　　B. 滑坡　　C. 泥石流　　D. 高寒缺氧

2. 选择对下列词或词组的正确解释

(1) 引人注目　　A. 吸引人们注意　　B. 精神高度集中

(2) 血肉之躯　　A. 人类的躯体　　B. 温暖的尸体

(3) 通畅　　A. 通行无阻　　B. 欢畅大笑

(4) 成千上万　　A. 一万一千　　B. 数量很多

(5) 家庭旅馆　　A. 像家庭一样的旅馆　　B. 家庭改造成的旅馆

(6) 古老　　A. 时间久远　　B. 古代的老人

3. 根据课文内容回答下列问题

(1) 川藏公路全长多少？

____

(2) 筑路工人起初使用的简易工具有哪些？

____

(3) 为什么要修建川藏公路？

____

(4) 川藏公路的角色发生了怎样的转变？

____

（5）国家采取了哪些措施对川藏公路进行整治和改造？

____

（6）青稞、牦牛、藏医藏药等一系列高原特色产业的特点是什么？

____

4. 想一想，说一说

通过阅读，你能发现修建公路桥梁对现代化发展的意义有哪些吗？

第三课　秦岭终南山隧道

◎ 生词

1.	起点	qǐ diǎn	(名)	starting point
2.	最	zuì	(副)	most
3.	先进	xiān jìn	(形)	advanced
4.	防止	fáng zhǐ	(动)	prevent
5.	设置	shè zhì	(动)	install
6.	盏	zhǎn	(量)	MW
7.	快速	kuài sù	(形)	rapid
8.	焦虑	jiāo lǜ	(名)	anxiety
9.	特殊	tè shū	(形)	special
10.	明亮	míng liàng	(形)	bright
11.	司机	sī jī	(名)	driver
12.	疲劳	pí láo	(形)	tired
13.	方便	fāng biàn	(形)	convenient
14.	重要	zhòng yào	(形)	important
15.	经验	jīng yàn	(名)	experience
16.	创新	chuàng xīn	(动)	innovate
17.	设计	shè jì	(动)	design

专　名

1. 挪威	Nuó wēi	Norway
2. 亚洲	Yà zhōu	Asian

◎ 注释

1. 意想不到：发生的事情不在自己想象的范围内。例如：身材瘦弱的她居然得了1000米冠军，真是意想不到。

2. 横断面：垂直于线路轴线的断面。

3 纵坡：路线纵断面上同一坡段两点间的高差与其水平距离之比，以百分率表示。

4. 基准期：为确定可变作用及与时间有关的材料性能取值而选用的时间参数，不等同于设计使用年限。

◎ 课文

秦岭终南山隧道

字数：983字　　阅读时间：9分钟

西安是中国四大古都之一，丝绸之路的起点，也是包茂高速公路经过的重要城市之一。秦岭终南山隧道作为世界规模最大、中国最长的公路隧道，是包头—茂名高速公路的组成部分，连接着西安市与商洛市。

秦岭终南山公路隧道是国家高速公路网包头至茂名控制性工程，北起西安市长安区五台乡，南抵商洛市柞水县营盘镇，单洞长18.02公里，双洞共长36.04公里，建设规模世界第一，为中国公路隧道之最，仅次于挪威长24.51公里的莱尔多公路隧道。据了解，秦岭终南山隧道创造了我国高速公路隧道建设的六项之最：世界上第一长双洞高速公路隧道；第一座由我国自行设计、施工、监理、管理、综合水平最高的隧道；世界口径最大、深度最高的竖井通风工程，最大井深661米；拥有世界高速公路最完备的监控系统（xì tǒng）（system）；世界上最先进的高速公路隧道特殊灯光带；运用首套策略（cè lüè）（strategy）自动生成软件，对火灾、交通事故、养护等方面进行自动监测和管理。

秦岭终南山公路隧道采用双洞双线设计，横断面高76米、宽1092米，最大纵坡为11%；采用双向四车道、单向两车道高速公路建设标准，设计行车速度每小时80千米；安全等级一级，隧道结构设计基准期100年。上、下行线隧道每750米均设1处紧急停车带，停车带有效长度30米、全长40米；两条隧道间每500米设1处行车横通道，横通道净宽4.5米、净高5.97米；每250米设1处人行横通道，断面净宽2米、净高2.5米。隧道进口高程896.9米，出口高程1025.4米。

为了防止“黑洞”和“白洞”效应的产生，隧道内的照明实行白天、夜间以及白天洞外天气条件有级调控，在隧道入口段、过渡段、出口段根据不同亮度要求设置加强照明。在距检修道0.8米处，还设有诱导灯，采用LED
guāng yuán
光源 (light source)。诱导灯为琥珀色，间距10米，其中每40米为一盏疏散指示灯，在火灾状态下可指示人员安全快速逃离现场，每120米为一盏蓝色诱导灯，帮助司机与前车之间保持安全距离。

为了缓解司机的焦虑情绪和压抑心理，秦岭终南山隧道参考欧洲先进的隧
lǐ niàn
道设计理念 (idea)，特意设计了充满人性化的特殊灯光带。特殊灯光带由蓝色、红色和白色荧光灯管照明，分别组成朝霞、彩虹、蓝天、白云等图案，给人一种在两隧道间进入蓝天日出的山谷间的感觉。如果你在隧道内行驶将近5公里，忽然看见前方一片明亮，蓝天、白云霎时闪现，这时，你千万别高兴得以为快出隧道了，这是你到了隧道内第一个特殊灯光带。给驾驶人员带来意想不到的行车快乐，缓解了司机朋友的驾驶疲劳，其设计为亚洲首创。

秦岭终南山公路隧道的建成通车，方便了群众安全快捷出行，节约了运输成本，对促进西部大开发战略的实施和陕西省与周边省市的经济交流具有十分重要的意义。通过这项巨大工程，还让我国拥有了建设高难度隧道的经验和世界首创技术，给我国的技术创新提供了很好的标本。

（选自《人民日报》，人民日报新媒体平台“人民号”茂名发布，有改动）

◎ 练习

1. 根据课文内容选择正确答案

（1）秦岭终南山公路隧道每隔（　　）米设置一处紧急停车带。

A. 750米　　B. 500米　　C. 250米　　D. 80米

（2）下面哪个词语是“单调”的反义词（　　）。

A. 复杂　　B. 丰富　　C. 困难　　D. 简单

（3）下列不属于终南山隧道灯光样式的是（　　）。

A. 彩虹　　B. 蓝天　　C. 白云　　D. 月亮

（4）隧道的（　　）位置上布置有诱导灯。

A. 入口段　　B. 过渡段　　C. 出口段　　D. 检修道

（5）终南山隧道监控系统无法对（　　）进行监控。

A. 泥石流　　B. 火灾　　C. 交通事故　　D. 养护

（6）（　　）是诱导灯的作用。

A. 帮助司机与前车之间保持安全距离

B. 加强照明

C. 捕捉蚊虫防止其对驾驶员造成干扰

D. 缓解司机的驾驶疲劳

2. 根据课文内容填空

（1）终南山隧道的起点是____________。

（2）终南山隧道连接着____________和____________。

（3）隧道中特殊灯带的作用是____________。

（4）终南山隧道的竖井通风工程是世界上____________。

（5）秦岭终南山公路隧道采用____________设计。

（6）丝绸之路的起点是____________。

3. 根据课文内容回答下列问题

（1）终南山隧道属于哪一段高速公路？

____

（2）终南山隧道工程采用什么建设标准？

____

（3）为了防止“黑洞”和“白洞”效应的产生，采取了怎样的措施？

____

（4）秦岭终南山公路建成通车的意义是什么？

____

（5）秦岭终南山隧道创造了我国高速公路隧道建设的哪六项之最？

____

（6）第一个特殊灯光带距入口有多远？

____

第四课 面对疫情，我们应该知道哪些？

◎ 生词

1.	传播	chuán bō	（动）	spread
2.	政府	zhèng fǔ	（名）	government
3.	包括	bāo kuò	（动）	include
4.	生产	shēng chǎn	（动）	product
5.	蔓延	màn yán	（动）	creep
6.	提问	tí wèn	（动）	ask a question
7.	减少	jiǎn shǎo	（动）	reduce
8.	清醒	qīng xǐng	（形）	sober
9.	疏忽	shū hū	（形）	negligent
10.	坚持	jiān chí	（动）	persevere
11.	成果	chéng guǒ	（名）	achievement
12.	配合	pèi hé	（动）	coordinate

专　名

1.	新冠肺炎	Xīn guàn-Fèi yán	COVID-19
2.	湖北	Hú běi	Hubei Province
3.	武汉	Wǔ hàn	Wuhan（Capital of Hubei Province）

◎ 注释

1. 齐心协力：想法一致，共同努力。

2. 众志成城：团结一致，力量无比强大。

3. 守望相助：为了对付意外的灾祸，人们互相警戒，互相帮助。

4. 同舟共济：坐一条船，共同渡河，比喻团结互助，战胜困难。

◎ 课文

面对疫情，我们应该知道哪些？

字数：899 字　　阅读时间：8 分钟

新冠肺炎疫情，是新中国成立以来我国遭遇的传播速度最快、感染范围最广、防控难度最大的一次重大突发公共卫生事件。2020 年 4 月 26 日，武汉在院新冠肺炎患者清零。短时间内控制住疫情，这是全国人民齐心协力、众志成城取得的重大胜利。

在新冠肺炎暴发初期，中国政府立即采取一系列有效措施。包括暂时关闭离汉通道倡导居民自觉在家隔离、全国对点支援湖北和武汉、防疫物资的调配和生产、逐步恢复生产生活秩序（zhì xù）（order）等。短短两三个月时间，绝大多数省份实现确诊病例和新增病例“双清零”，7 万多名患者治愈出院，迅速扭转了疫情快速蔓延的局面。不放弃任何一个生命，有一线希望就付出百分之百的努力，这是人民至上、生命至上理念的生动写照。

尽管目前中国的疫情已经得到基本控制（kòng zhì）（control），但是目前全球疫情依然处于紧张的态势。我们出门依然要做好防护，只有避免病毒的侵袭（qīn xí）（hit），才能保证病毒不扩散。但是目前还是有很多人对于如何做好自我防护的知识认知不是很准确，以下是个人防护的总结，希望大家都能够做好防护。

1. 乘坐公共交通工具如何防护？

乘坐公共交通工具时，应全程正确佩戴一次性医用口罩；避免近距离（jù lí）

（distance）交谈；尽量避免直接触摸扶手、电梯开关、门把手等公共设施；保持手部卫生，佩戴一次性手套或随身携带含酒精的消毒湿巾。

2. 进出公共场所如何防护？

在公共场所要正确佩戴医用口罩，配合工作人员做好体温检测；尽量减少去人员密集且空气不流通的场所；咳嗽打喷嚏（pēn ti）（sneeze）时，用纸巾将口鼻完全遮住，将用过的纸巾扔进封闭垃圾箱内；外出回家时要正确洗手，确保手部卫生，避免经手传染；如果近期去过疫情高发区，需要按照要求上报或接受隔离。

3. 学生在学校如何防护？

进入学校之前做好体温检测、身份核查、配合信息登记等工作；在餐厅排队就餐时，和其他同学保持一米以上的距离；自觉正确佩戴口罩，避免面对面交谈；尽量减少非必要的室外活动及外出，外出后做好消毒工作；如果学生出现发烧、乏力、干咳、咽痛等症状，应该及时向学校反映。

面对疫情，我们必须时刻保持清醒，不能疏忽大意，要坚持做好自我防护，只有我们大家守望相助、同舟共济，才能守住来之不易的战“疫”成果。

（选自《解放军报》，付克新文，有改动）

◎ 练习

1. 根据课文内容填空

（1）“双清零”是指_____和_____清零。

（2）新冠肺炎暴发初期，中国政府采取的首要措施是_____。

（3）不放弃任何一个生命，有一线希望就付出百分之百的努力，这是_____理念的生动写照。

（4）如果学生出现发烧、乏力、干咳、咽痛等症状，应该_____。

（5）用过的纸巾应该______。

（6）进出电梯时应该避免______。

2. 根据课文内容判断正误

（1）在公共场所应该佩戴口罩。（　　）

（2）我们应该多去人员密集的场所。（　　）

（3）外出回家时要正确洗手，确保手部卫生。（　　）

（4）进入学校之前做好体温检测、配合信息登记等工作。（　　）

（5）乘坐公共交通工具，可以近距离交谈。（　　）

（6）咳嗽打喷嚏时，用纸巾将口鼻完全遮住。（　　）

3. 词语填空

齐（　　）协（　　）　　　（　　）志（　　）城

疏忽（　　）（　　）　　　（　　）（　　）不易

（　　）（　　）相助　　　（　　）舟（　　）济

4. 想一想，说一说：你对中国的防控措施怎么看？

第五课　电子废弃物：一座尚待开采的“金矿”

◎ 生词

1.	世界	shì jiè	（名）	world
2.	国家	guó jiā	（名）	country
3.	环境	huán jìng	（名）	environment
4.	空调	kōng tiáo	（名）	air-conditioning
5.	了解	liǎo jiě	（动）	understand
6.	冰箱	bīng xiāng	（名）	refrigerator
7.	水平	shuǐ píng	（名）	level
8.	特别	tè bié	（形）	special
9.	提高	tí gāo	（动）	raise

专　名

联合国环境规划署　Lián hé guó Huán jìng Guī huà shǔ
UNEP，United Nations Environment Programme

◎ 注释

1. 电子产品：是以电能为工作基础的相关产品，主要包括：手表、智能手机、电视机、收音机、电脑、移动通信产品等。

2. 电子废弃物：俗称“电子垃圾”，是指被废弃不再使用的电器（电视、电冰箱、空调等）或电子设备（计算机、手机等）。

◎ 课文

diàn zǐ fèi qì wù
电子废弃物（electronic waste）：
kāi cǎi
一座尚待开采（exploit）的“金矿”

字数：800 字　　阅读时间：10 分钟

diàn zǐ fèi qì wù
中国是世界 70%的电子废弃物（electronic waste）集散地，又是电子产品的生产和消费大国。由于电子行业的快速发展，电子废弃物正以每年近 20%的速度增长，成为世界上增长最快的垃圾。中国是世界 70%的电子废弃物
tǒng jì
集散地，又是电子产品的生产和消费大国。据国家环保部统计（statistics），目前我国电子废弃物年产量约为 200 万吨。

fā bù
联合国发布（publish）的《2020 年全球电子废弃物监测》报告显示，2020 年全球电子废弃物总量达到了创纪录的 5360 万吨，仅仅五年内就增长了 21%，并预计 2030 年这个数据将达到 7400 万吨。该报告显示，2019 年只有
huí shōu
17.4%的电子废弃物被收集和回收（recycle）。

zhèng cè
过去，由于没有足够的重视和缺乏相关的法律政策（policy），电子废弃
chǎn yè
物回收行业还没有形成完整的产业（industry）链。随着中国废物回收行业
jué xǐng
的增长，以及国家对电子产品科技企业的关注和觉醒（awaken），许多回收
jiāo yì
电子产品的回收交易（transaction）平台已经启动，并取得了良好的效果。

cái fù
不容忽视的事实是，拆解业带来了巨大财富（wealth），也付出了高昂的
dài jià
环境代价（price）。以国内最大的拆解地贵屿镇为例，每年都处理超过 100 万
huà yàn
吨电子垃圾。而对贵屿镇的河岸沉积物进行抽样化验（test）显示，钡的浓度
tǔ rǎng　wū rǎn
是土壤（soil）污染（pollution）危险临界值的 10 倍，而锡为 152 倍，铬为

1300 多倍，铅的数量则是危险污染标准的 200 多倍。

随着拆解技术水平的提高，特别是从电子废弃物中回收提取贵金属和有价值材料的技术发展，电子废弃物“钱”途显现，行业得到快速发展。但由于缺乏统一标准，行业发展无序。

从法律角度来看，目前缺乏电子垃圾回收利用和无害化处理的专门法律规定。据了解，我国通过财政补贴 bǔ tiē（subsidy）来鼓励 gǔ lì（encourage）生产企业参与回收，自建处理企业来处置 chǔ zhì（disposition）电子废弃物。不过，目前政策主要对电视、冰箱、洗衣机、空调和电脑等进行补贴。

随着企业自身发展的需求 xū qiú（demand）以及“互联网+”的快速融合，各式各样的废弃电器电子产品创新 chuàng xīn（innovate）回收模式 mó shì（model），如雨后春笋般涌现 yǒng xiàn（spring up）出来。例如，绿色消费+绿色回收、互联网+分类回收回收、两网融合回收、EPR 回收等回收模式，废弃电器电子产品回收行业进入了全新的发展阶段。

（选自《工人日报》，李国文，有改动）

◎ 练习

1. 根据课文内容判断正误

（1）绿色消费+绿色回收、互联网+分类回收回收、两网融合回收、EPR 回收等回收模式发展缓慢。(　　)

（2）拆解业带来了巨大财富，也付出了高昂的环境代价。(　　)

（3）据国家环保部统计，目前我国电子废弃物年产量约为 200 万吨。(　　)

（4）联合国发布的《2020 年全球电子废弃物监测》报告显示，去年全球电子废弃物总量达到了创纪录的 5360 万吨。(　　)

（5）2019 年有 20%的电子废弃物被收集和回收。(　　)

2. 根据文章内容选择正确答案

（1）钡的浓度是土壤污染危险临界值的（　　）倍。

A. 10 倍　　B. 50 倍　　C. 30 倍　　D. 100 倍

（2）废弃电器电子产品创新回收模式有（　　）。

A. 绿色消费+绿色回收　　B. 互联网+分类回收回收

C. 两网融合回收　　D. 以上都是

（3）由于电子行业的快速发展，电子废弃物正以每年近（　　）的速度增长，成为世界上增长最快的垃圾。

A. 20%　　B. 30%　　C. 50%　　D. 50%

（4）据国家环保部统计，目前我国电子废弃物年产量约为（　　）。

A. 100 万吨　　B. 200 万吨　　C. 150 万吨　　D. 300 万吨

（5）中国是世界（　　）的电子废弃物集散地，又是电子产品的生产和消费大国。

A. 40%　　B. 50%　　C. 60%　　D. 70%

（6）目前政策主要对（　　）进行补贴。

A. 电视、冰箱　　B. 洗衣机

C. 空调、电脑　　D. 以上都是

3. 根据课文内容在画线处进行填空

（1）许多回收电子产品的回收交易平台已__________，并取得了良好的效果。

（2）随着拆解技术水平的提高，特别是从电子废弃物中回收提取贵金属和有价值材料的技术发展，电子废弃物____________________。

（3）以国内最大的拆解地贵屿镇为例，每年都处理超过 100 万吨__________。

（4）我国通过__________来鼓励生产企业参与回收。

（5）从法律角度来看，目前__________电子垃圾回收利用和无害化处理的专门法律规定。

（6）随着企业自身发展的需求以及__________的快速融合，各式各样的废弃电器电子产品创新回收模式，如雨后春笋般涌现出来。

4. 根据文章内容，谈谈你对电子废弃物处理的认识和看法

第六课　纯电动车用动力电池热管理系统设计

◎ 生词

1. 需要　xū yào　（动）　need
2. 决定　jué dìng　（动）　decide
3. 个子　gè zi　（名）　height

◎ 注释

1. 电池包：某些电子产品自带电池容量不够，需佩带容量更大的外接电池，也就是电池包，可反复充电，容量大，满足使用者的需求。

2. 短板效应：又称“木桶原理”，意思为不是单独一块板子越高越好，而是把所有的板子变得一样高才能盛更多的水。

◎ 课文

纯电动车用动力电池热管理系统设计

字数：750 字　　阅读时间：9 分钟

动力(dòng lì)（power）电池是电动汽车的核心部件，决定了整车的续航里程、成本(chéng běn)（cost）、使用寿命、安全等关键性指标(zhǐ biāo)（index），均与电池热相关问题有紧密的联系。当电池处于较高温度环境下工作时，由于内部散热均一性的差异，导致部分位置的电芯温度偏高，动力电池循环 xún huán （circulation）寿命衰减较快，如果温度持续偏高，造成部分电芯提前失效，使得动力电池的整体性能 xìng néng （performance）发挥失效，后果严重的会发生安全事故 shì gù （accident）。设计出一种稳定电池热管理系统 rè guǎn lǐ xì tǒng （thermal management system），使动力电池在运行 yùn xíng （operation）过程中始终保持在合适的温度范围，确保 què bǎo （insure）整车使用的安全性能，对整车的各方面性能均有不可忽视的意义。

热管理系统作为电池部分的一个子系统，需要根据整车的使用环境、整车的运行工况和电池单体的温度等设计输入进行需求 xū qiú （requirement）分析，以确定电池系统对热管理系统的需求。

热管理系统的功能主要包括：单体电芯的温度检测；电池系统内部模组温度过高时，可以进行有效的散热处理；低温条件下电池系统无法进行充电时，需要进行适当的加热处理；确保电池内部的温度分布均匀，减少各个电芯单体之间的温差。

在电池组热管理系统开发时，要根据电池的最佳工作温度区间，结合电池的电化学特性与产热机理，通过合理的设计以解决电池在高温或低温情况下工作而引起功率不足的问题。电池包的热设计有两个目标：控制电芯的工作温度和控制不同电芯的温度差。前者会严重影响电池的性能和寿命，后者会严重影响电池的短板效应，导致电池一致性变差。要满足该目标，就要考虑确认动力电池系统的冷却 lěng què （cooling）、加热设计方案。

散热、冷却器件实时状态下实施 shí shī （implement）系统自适应当前 dāng qián （at present）状态的控制。根据电池包状态，系统进行自适应状态的控制，当电池包温度大于等于一定温度时，系统自动开启散热功能进行冷却，当温度小于等于一定温度时，散热系统关闭，保证了高温情况下的散热良好，让电池包在最优的条件下工作。控制状态下自动识别和自动切换电池包处于低温状态时也会自动识别，当小于等于一定温度时，电池包识别后自动开启加热功能，当加热温度达到一定温度后，停止加热，自动切换为充电模式，系统控制电池包在不同温度下切换为最优模式进行工作。

（选自《时代汽车杂志》，徐善红等文，有改动）

◎ 练习

1. 根据课文内容判断正误

（1）当小于等于一定温度时，电池包识别后自动开启加热功能。(　　)

（2）设计出一种稳定电池热管理系统，使动力电池在运行过程中始终保持在合适的温度范围，确保整车使用的安全性能，对整车的各方面性能均有不可忽视的意义。(　　)

（3）动力电池是电动汽车的核心部件，决定了整车的续航里程。(　　)

（4）当电池处于较高温度环境下工作时，由于内部的散热均一性的差异，导致部分位置的电芯温度偏高，动力电池循环寿命衰减较快。(　　)

2. 根据课文内容选择正确答案

（1）热管理系统的功能主要包括（　　）。

A. 单体电芯的温度检测

B. 电池系统内部模组温度过高时，可以进行有效的散热处理

C. 低温条件下电池系统无法进行充电时，需要进行适当的加热处理

D. 以上都是

（2）电池包的热设计的目标有（　　）。

A. 控制电芯的工作温度

B. 控制不同电芯的温度差

C. 以上都是

D. 以上都不是

（3）当温度（　　）一定温度散热系统关闭，保证了高温情况下的散热良好，让电池包在最优的条件下工作。

A. 小于等于　　B. 小于　　C. 大于等于　　D. 大于

（4）控制状态下自动识别和自动切换电池包处于（　　）状态时也会自动识别。

A. 低温　　B. 高温　　C. 散热　　D. 加热

（5）热管理系统作为电池部分的一个子系统，需要根据（　　）等设计输入进行需求分析，以确定电池系统对热管理系统的需求。

A. 整车的使用环境　　B. 整车的运行工况

C. 电池单体的温度　　D. 以上都是

（6）如果温度持续（　　），造成部分电芯提前失效，使得动力电池的整

体性能发挥失效，后果严重的会发生安全事故。

A. 偏高　　B. 偏低　　C. 增高　　D. 降低

3. 根据课文内容在画线处进行填空

(1) 低温条件下电池系统无法进行充电时，需要进行适当的____________。

(2) 通过合理的设计以解决电池在高温或低温情况下工作而引起____________的问题。

(3) 散热、冷却器件实时状态下实施系统自适应当前状态的控制根据电池包状态，系统进行____________状态的控制。

(4) 当加热温度达到一定温度后，停止加热，自动切换为____________。

4. 根据课文内容，谈谈你对动力电池热管理系统的理解和认识

第七课　橡胶混凝土基本性能研究现状分析

◎ 生词

1.	解决	jiě jué	（动）	solve
2.	要求	yāo qiú	（名）	requirement
3.	一定	yí dìng	（形）	definite；certain
4.	其他	qí tā	（形）	other
5.	或者	huò zhě	（连）	perhaps
6.	发现	fā xiàn	（动）	find
7.	影响	yǐng xiǎng	（名）	influence
8.	主要	zhǔ yào	（形）	main
9.	对于	duì yú	（介）	for

◎ 注释

1. 素混凝土：由无筋或不配置受力钢筋的混凝土制成的结构。素混凝土是相对钢筋混凝土而言的。

2. 弹性模量：指单向应力状态下应力除以该方向的应变，是描述物质弹性的一个物理量。

◎ 课文

橡胶混凝土基本（jī běn）（basic）性能研究现状分析（fēn xī）（analyse）

字数：793 字　　　　阅读时间：10 分钟

汽车工业（gōng yè）（industry）的飞速发展相应地带来了废旧橡胶轮胎数目的剧

增，由此<ruby>产生<rt>chǎn shēng</rt></ruby>（produce）的环境问题和<ruby>资源<rt>zī yuán</rt></ruby>（resource）再<ruby>利用<rt>lì yòng</rt></ruby>（use）问题亟待解决。将废旧橡胶轮胎加工<ruby>处理<rt>chú lǐ</rt></ruby>（handle）后掺入普通混凝土来制备橡胶混凝土是一种行之有效的方法。

从橡胶混凝土的基本力学性能、高温对橡胶混凝土的影响及橡胶混凝土的保温隔热性能三个方面，对现有的研究<ruby>成果<rt>chéng guǒ</rt></ruby>（achievement）进行了<ruby>系统<rt>xì tǒng</rt></ruby>（system）的总结，旨在为橡胶混凝土性能的进一步研究及其工程<ruby>应用<rt>yìng yòng</rt></ruby>（apply）提供<ruby>参考<rt>cān kǎo</rt></ruby>（refer to）和借鉴。

我国每年会出现5000万~6000万条报废轮胎，并且年增长量在15%左右。废旧橡胶轮胎如果<ruby>合理<rt>hé lǐ</rt></ruby>（rational）回收<ruby>利用<rt>lì yòng</rt></ruby>（use），将成为最大的橡胶来源，可以占使用总量的60%~70%。将加工后的废旧橡胶轮胎颗粒掺入素混凝土制备成橡胶混凝土能够顺应当代发展的潮流，在发展绿色<ruby>建筑<rt>jiàn zhù</rt></ruby>（building）的基础上，为解决废旧轮胎所产生的环境问题和资源再利用问题提供了一个环保的有效的思路和方法。

研究发现，橡胶混凝土的强度和弹性模量均随着橡胶含量的增加而降低。结果<ruby>显示<rt>xiǎn shì</rt></ruby>（show），橡胶混凝土的单轴抗压强度和切线模量下降显著，但是随着橡胶含量的增加，其脆性<ruby>破坏程度<rt>pò huài chéng dù</rt></ruby>（degree of damage）<ruby>逐渐<rt>zhú jiàn</rt></ruby>（gradually）得到<ruby>改善<rt>gǎi shàn</rt></ruby>（improve），并且裂缝的扩展速度和<ruby>破坏<rt>pò huài</rt></ruby>（destroy）后的裂缝宽度<ruby>相对于<rt>xiāng duì yú</rt></ruby>（relative to）素混凝土较小。

综上所述，用橡胶颗粒或橡胶粉替代混凝土中的粗骨料或细骨料，混凝土的强度有所降低。橡胶混凝土强度降低的原因主要是橡胶的弹性模量较低，与混凝土较高的弹性模量相差较大，因此削弱了混凝土的强度；另外，橡胶是憎水性材料，与拌制混凝土的其他材料间的粘结较弱，使得混凝土强度有所下降。尽管橡胶颗粒的掺入在一定程度上劣化了混凝土的某些力学性能，但是得益于橡胶材料本身<ruby>良好<rt>liáng hǎo</rt></ruby>（good）的弹性、保温隔热性等，橡胶材料同时赋予了混凝土一定的变形能力、抗裂性和良好的保温隔热性能。鉴于橡胶混凝土这些特性，橡胶混凝土可以运用（yùn yòng）（utilize）在那些对于强度要求不高，而对抗裂性或者保温隔热性能有较高要求的建构筑物上。这些工作的开展对于橡胶混凝土能否得到广泛（guǎng fàn）（extensive）、安全的应用意义（yì yì）（meaning）重大（zhòng dà）（great）。

（选自《价值工程》，李小膀等文，有改动）

◎ 练习

1. 根据课文内容判断正误

（1）文章从橡胶混凝土的基本力学性能、高温对橡胶混凝土的影响及橡胶混凝土的保温隔热性能三个方面进行了研究。（　　）

（2）我国每年会出现 5000 万~6000 万条报废轮胎，并且年增长量在 20% 左右。（　　）

（3）橡胶混凝土能够顺应当代发展的潮流，在发展绿色建筑的基础上，为解决废旧轮胎所产生的环境问题和资源再利用问题提供了一个环保的有效的思路和方法。（　　）

（4）将废旧橡胶轮胎加工处理后掺入普通混凝土来制备橡胶混凝土是一种行之有效的方法。（　　）

2. 根据课文内容选择正确答案

（1）橡胶混凝土的强度和弹性模量均随着橡胶含量的增加而（　　）。

A. 变大　　B. 降低　　C. 提高　　D. 不变

（2）橡胶混凝土强度降低的原因主要是（　　）。

A. 橡胶的弹性模量较低

B. 橡胶的弹性模量较高

C. 周围环境温度升高

D. 周围环境干燥

（3）用（　　）替代混凝土中的粗骨料或细骨料，混凝土的强度有所降低。

A. 橡胶颗粒　　B. 橡胶粉

C. 以上都是　　D. 以上都不是

(4) 橡胶是憎水性材料，与拌制混凝土的其他材料间的粘结（　　），使得混凝土强度有所下降。

A. 较弱　　B. 较强

C. 较稳定　　D. 以上都不是

(5)（　　）的飞速发展相应地带来了废旧橡胶轮胎数目的剧增，由此产生的环境问题和资源再利用问题亟待解决。

A. 汽车工业　　B. 制造业

C. 新能源行业　　D. 船舶业

3. 根据课文内容在画线处进行填空

(1) ____________将能成为最大的橡胶来源。

(2) 橡胶混凝土的单轴抗压强度和切线模量________显著。

(3) 橡胶混凝土可以运用在那些对于________要求不高，而对抗裂性或者保温隔热性能有较高要求的建构筑物上。

(4) 得益于橡胶材料本身良好的弹性、保温隔热性等，橡胶材料同时赋予了混凝土一定的变形能力、抗裂性和良好的____________。

第八课 一种新型低噪混凝土振动棒

◎ 生词

1.	使用	shǐ yòng	（动）	use
2.	值得	zhí dé	（动）	be worth
3.	效果	xiào guǒ	（名）	effect
4.	生活	shēng huó	（名）	life
5.	发展	fā zhǎn	（名）	develop
6.	过程	guò chéng	（名）	process
7.	获得	huò dé	（动）	acquire
8.	增加	zēng jiā	（动）	increase
9.	并且	bìng qiě	（连）	and
10.	重点	zhòng diǎn	（名）	stress
11.	感觉	gǎn jué	（动）	sensation
12.	随着	suí zhe	（连）	along with
13.	适合	shì hé	（动）	fit
14.	目的	mù dì	（名）	purpose
15.	对于	duì yú	（介）	for

◎ 注释

1. 振动器：其工作部分是一棒状空心圆柱体，内部装有偏心振子，在电动机带动下高速转动而产生高频微幅的振动，振动频率可达 12000 ~ 15000 次/min。

◎ 课文

一种新型低噪混凝土振动棒

字数：934　　　阅读时间：10 分钟

混凝土浇筑过程中，必须使用振动器才能浇捣出均匀、严密[yán mì]（tight）的混凝土构件。而随着人们的环保意识[yì shí]（awareness）逐渐提高，传统的振动器噪音[zào yīn]（noise）大，其施工噪音对人们日常生活带来极大影响。所以，有必要研发一种低噪音混凝土振动器，为工地环境减噪和减少对人们日常生活的影响。对此，本文重点介绍了一种新型的建筑施工中使用的混凝土振动棒，希望为有关工作人员提供一种即时反应降噪的混凝土振动棒，推进我国建筑行业更好发展。

近几年来，环保对建筑施工加大了要求。尤其是工程抢进度时，存在施工噪音和环保的突出问题。通过不断研制，成功地研究出了具有专利产品证号的低噪混凝土振动棒。这款振动棒包括壳体、所述壳体内置的偏心轴、与所述偏心轴连接的电机，其特征是：设有与所述电机电连接的变频器，还设有控制所述变频器输出频率的声控传感器。使用低噪混凝土振动棒能有效减少施工噪音，提高施工质量，加速工作效率。

使用新型低噪混凝土振动棒主要解决的问题是为施工提供一种即时反应降噪的混凝土振动棒。通过在振动棒上设置[shè zhì]（set up）一个声控传感器，这个传感器连接一变频器电，并且驱动其输出不同频率[pín lǜ]（frequency）电流，所提到的变频器接入工作电源[diàn yuán]（power source），将工作电源输出到所讲的振动棒电机上，从而实现即时反应降噪。所述的第二频率小于第一频率，常理可知所述振动棒离心部的转速在第二频率下会较第一频率下的小，从而造成的噪声也会较小，达到了即时反应降噪的目的。其次，当所述声控传感器检测到的音量低于固定分贝值时，所述声控传感器驱动所述变频器输出第一频率，所述振动棒离心部转速增加，以达到更好的工作效果。

上面所讲的只是低噪混凝土振动棒新型的优选实施方式，值得注意的是，对于本行业的技术人员来说，在不脱离低噪混凝土振动棒结构前提下，还需要进行若干（ruò gān）（asurname）变形与改进，这也应该是低噪混凝土振动棒的保护范围，但这些都不用影响到振动棒使用效果和专利（zhuān lì）（patent）实用性。

采用低噪混凝土振动棒后，突破（tū pò）（break through）了以往（yǐ wǎng）（before）使用的振动棒的传统概念，具有全新的感觉，适合在许多施工场地中使用。同时，低噪混凝土振动棒已经获得了国家发明专利，希望通过低噪混凝土振动棒，促进我国建筑施工更好地发展。

（选自《工程技术》（*Engineering Technology*），贺恩明等文，有改动）

◎ 练习

1. 根据课文内容判断正误

（1）振动棒离心部的转速在第二频率下会较第一频率下的小，从而造成的噪声也会较小，达到了即时反应降噪的目的。（　　）

（2）低噪混凝土振动棒没有获得国家发明专利。（　　）

（3）混凝土浇筑过程中，必须使用振动器才能浇捣出均匀、严密的混凝土构件。（　　）

（4）采用低噪混凝土振动棒后，突破了以往使用的振动棒的传统概念，具有全新的感觉。（　　）

（5）近几年来，环保对建筑施工加大了要求。尤其是工程抢进度时，存在施工噪音和环保的突出问题。（　　）

（6）随着人们的环保意识逐渐提高，传统的振动器噪音大，其施工噪音对人们日常生活带来极大影响。（　　）

2. 根据课文内容在画线处进行填空

（1）使用新型低噪混凝土振动棒主要解决的问题是为施工提供一种________降噪的混凝土振动棒。

（2）通过不断研制，成功地研究出了具有________的低噪混凝土振动棒。

（3）使用低噪混凝土振动棒能有效减少________，提高施工质量，加速工作效率。

（4）希望通过低噪混凝土振动棒，促进我国建筑施工更好地___________。

（5）这款振动棒包括壳体、所述壳体内置的____________、与所述偏心轴连接的电机。

（6）这款振动棒的特征是：设有与所述电机电连接的________，还设有控制所述变频器输出频率的声控传感器。

3. 根据课文内容，你认为新型低噪混凝土振动棒的作用是什么？

第九课　一种管片生产线浇筑工位振捣器自动插拔管装置

◎ 生词

1.	进行	jìn xíng	(动)	be in progress
2.	空气	kōng qì	(名)	air
3.	技术	jì shù	(名)	technology
4.	结果	jié guǒ	(名)	result
5.	能力	néng lì	(名)	ability
6.	提供	tí gōng	(动)	provide
7.	温度	wēn dù	(名)	temperature
8.	优秀	yōu xiù	(名)	outstanding
9.	阅读	yuè dú	(动)	read
10.	准确	zhǔn què	(形)	accuracy

◎ 课文

一种管片生产线浇筑工位振捣器自动插拔管装置

字数：610 字　　阅读时间：7 分钟

该装置为一种混凝土管片生产线浇筑工位振捣器自动插拔管装置，包括机架主体，机架主体的顶部设置(shè zhì)（set up）有动力(dòng lì)（motive power）汽缸，动力气缸的右侧通过连接轴连接到换向阀，换向阀的右端出口连通有快换式气动管接头母接头，母接头的左端固定设置有固定板、外围设置有迷你气缸，迷你气缸的左端固定连接于固定板、右侧连接有安装板；机架主体的右侧设置有振捣台，振捣台内设置有管片模具，管片模具的左侧连通有快换式气动管接头公接头，公接头与母接头的轴线相重合。

cāo zuò
目前，在管片自动化流水线中，浇筑工位在进行混凝土浇筑时需要操作
yā suō
（operate）人员进入浇筑室将振捣器压缩（compress）空气管插入模具中，然
yùn
后进行浇筑，浇筑完成后需要操作人员进入浇筑室将压缩空气管拔下然后运
xíng
行（move），这提高了工人的劳动强度，同时存在操作工人忘记拔下管道而
gù zhàng yǐn huàn
导致故障（hitch）的安全隐患（hidden trouble）。

根据以上现有技术的不足，该装置提供了一种管片生产线浇筑工位振捣器自动插拔管装置，通过控制快换式气动管接头母接头的套筒位置，并配合气缸的伸缩运动，实现振捣后压缩气管在模具上的自动插拔，且与管片生产线联动。

I 型粘结剂相比于 II 型粘结剂，制成 SEC 的温度稳定性更强，两种胶制成
shì yàn
的 SEC 零点漂移均较小。SEC 的标定结果可以看出，SEC 在应变测定试验
zhǎn xiàn
（trial）中展现（exhibit）出较为优秀的应变感知能力，能够较为准确地感
zhèng shí
应外部变形，证实（approve）了 SEC 对混凝土变形监测的可能性。SEC 在拉伸荷载应变、压缩荷载应变，在范围内具有良好的线性关系与重现性。

（选自《混凝土》，刘锦涛文，有改动）

◎ 练习

1. 根据课文内容判断正误

（1）浇筑完成后需要操作人员进入浇筑室将压缩空气管拔下然后运行，这提高了工人的劳动强度，同时存在操作工人忘记拔下管道而导致故障的安全隐患。（　　）

（2）该装置提供了一种管片生产线浇筑工位振捣器自动插拔管装置，但不能实现管片生产线联动。（　　）

(3) 管片模具的左侧连通有快换式气动管接头公接头，公接头与母接头的轴线相重合。(　　)

(4) 机架主体的顶部设置有动力气缸，动力气缸的左侧通过连接轴连接到换向阀。(　　)

(5) 换向阀的左端出口连通有快换式气动管接头母接头。(　　)

(6) 在管片自动化流水线中，浇筑工位在进行混凝土浇筑时需要操作人员进入浇筑室将振捣器压缩空气管插入模具中，然后进行浇筑。(　　)

2. 根据课文内容在画线处进行填空

(1) ____________的左端固定设置有固定板。

(2) 通过控制快换式气动管接头母接头的套筒位置，并配合气缸的____________，实现振捣后压缩气管在模具上的自动插拔，且与管片生产线联动。

(3) 捣台内设置有____________。

(4) I型粘结剂相比于II型粘结剂，制成SEC的温度____________更强。

3. 根据课文内容，你认为管片生产线浇筑工位振捣器自动插拔管装置的作用是什么？

第十课 国家游泳中心——水立方

◎ 生词

1.	又	yòu	（副）	again
2.	公园	gōng yuán	（名）	park
3.	与	yǔ	（连词）	and
4.	体育	tǐ yù	（名）	sport
5.	城市	chéng shì	（名）	city
6.	成为	chéng wéi	（动）	become
7.	举办	jǔ bàn	（动）	hold
8.	比赛	bǐ sài	（名）	competition
9.	国际	guó jì	（名）	internation
10.	通过	tōng guò	（介）	through
11.	根据	gēn jù	（介）	according to
12.	特点	tè diǎn	（名）	feature
13.	关键	guān jiàn	（名）	key
14.	难	nán	（形）	difficult
15.	科学	kē xué	（名）	science
16.	绿	lǜ	（名）	green
17.	标准	biāo zhǔn	（名）	standard
18.	考虑	kǎo lǜ	（动）	consider
19.	左右	zuǒ yòu	（助）	about
20.	文化	wén huà	（名）	culture
21.	光	guāng	（名）	light
22.	火	huǒ	（名）	fire
23.	关系	guān xì	（名）	relationship

专 名

1.	国家游泳中心-水立方	Guó jiā yóu yǒng zhōng xīn-Shuǐ lì fāng National Aquatics Center-Water Cube
2.	北京奥运会	Běi jīng' ào yùn huì Beijing Olympics
3.	北京奥林匹克运动公园	Běi jīng' ào lín pǐ kè Yùn dòng-Gōng yuán Beijing Olympic Park
4.	鸟巢	Niǎo cháo Beijing Bird's Nest Stadium
5.	钢结构关键技术	Gāng jié gòu-Guān jiàn jì shù Key Technology of Steel Structure
6.	ETFE 膜结构装配系统关键技术	ETFE Mó jié gòu zhuāng pèi xì tǒng-Guān jiàn jì shù Key Technology of ETFE Membrane Structure Assembly System
7.	室内环境关键技术	Shì nèi huán jìng-Guān jiàn jì shù Key Technology of Indoor Environment System
8.	城市中轴线	Chéng shì-Zhōng zhóu xiàn City Axis

◎ 注释

1. 位于：位置处在（某处）。例如：国家游泳中心——水立方位于北京奥林匹克运动公园内。

2. 地标：是指每个城市的标志性区域或地点，或者能够充分体现该城市（地区）风貌及发展建设的区域。例如：国家游泳中心——水立方已经成为北京市的新地标。

3. 和谐共生：两种不同的事物，彼此依赖生存，友好相处。例如：人与自然和谐共生。

◎ 课文

国家游泳中心——水立方

字数：716　　阅读时间：9 分钟

国家游泳中心，又称水立方，位于北京奥林匹克公园内，是唯一[wéi yī]（only）一座由港澳台同胞[tóng bāo]（compatriots）、海外华侨[huá qiáo]（overseas Chinese）华人捐资建设[jiàn shè]（construction）的奥运场馆，被美国《商业周刊》评为“中国十大新建筑奇迹”。2003 年 12 月 24 日开工，在 2008 年 1 月 28 日建成。与国家体育场（鸟巢）分列于北京城市中轴线北端的两侧，已经成为北京市的新地标。

2008 年奥运会，水立方举办了游泳、跳水、花样游泳等比赛，各国运动员[yùn dòng yuán]（athletes）在这里 24 次刷新 21 项世界纪录[jì lù]（record），被誉为“水魔方”和“游泳运动圣殿”。

赛后的水立方已经成为具有国际先进水平的，集游泳、运动、休闲[xiū xián]（leisure）于一体的中心[zhōng xīn]（center）。2022 年冬奥会，国家游泳中心将举办冰壶和轮椅冰壶[bīng hú]（curling）赛事，并将通过“水冰转换”实现[shí xiàn]（achieve）场馆“水冰双轮驱动”。从水立方到“冰立方”，体现了大型体育场馆“反复[fǎn fù]（repeatedly）利用、综合利用、持久[chí jiǔ]（sustainable）利用”的中国特点。

根据水立方设计方案原创特点，确定了三大科研攻关[kē yán gōng guān]（scientific research）：钢结构关键技术、ETFE 膜结构装配系统关键技术和室内环境系统关键技术。水立方的科研攻关在解决一系列[yī xì liè]（a series of）科技难题的同时，在很大程度上填补了国内外在建筑科技领域的技术空白[kòng bái]（blank），有力推动了科学技术产业 chǎn yè（industry）化和国外技术的国产化进程。

在设计之初，水立方整体按绿色建筑 jiàn zhù（building）标准设计，考虑了建筑节能、环保建材使用和水资源保护。水立方采用 ETFE 膜围护结构设计，通过腔通风、自然通风、自然采光等一系列的节能措施来减少建筑物的运行能耗。全年设计运行能耗低于国内同类型场馆全年设计运行能耗 yùn xíng néng hào（operating energy consumption），整体 zhěng tǐ（overall）节能可达 9%左右。

水立方创造了模仿 mó fǎng（imitate）水泡组合形式的全新结构 jié gòu（structure）形式，并且以方形的建筑形态 xíng tài（form）体现了与国家体育场（鸟巢）和谐共生的中国文化理念，一圆 yuán（round）一方 fāng（square），体现 tǐ xiàn（reflect）了中国"天圆地方"建筑理念，形成了地与天、水与火之间的共生关系，也体现了北京奥运会"人文奥运"的主题。

（选自《南京日报》，孙晓胜等文，有改动）

◎ 练习

1. 根据课文内容判断正误

（1）国家游泳中心，又称水立方。(　　)

（2）她是唯一一座由港澳台同胞、海外华侨华人捐资建设的奥运场馆。(　　)

（3）国家游泳中心与水立方分列于北京城市中轴线北端的两侧。(　　)

（4）2008 年奥运会，水立方承担了游泳、跳水、跑步、花样游泳等比赛。(　　)

（5）2022 年冬奥会，国家游泳中心将在水立方举办冰壶和轮椅冰壶赛事。(　　)

（6）从水立方到"冰立方"，体现了大型体育场馆"反复利用、综合利用、持久利用"的中国特点。(　　)

（7）根据水立方设计特点，确定了两大技术：钢结构关键技术和室内环境系统关键技术。(　　)

（8）水立方按绿色建筑标准设计，考虑了建筑节能、环保建材使用和水资源保护。（　）

（9）水立方的结构形式没有模仿水泡组合形式。（　　）

（10）水立方已经成为具有国际先进水平的，集游泳、运动、休闲于一体的运动场所。（　）

2. 选择合适的词语填空

左右　　位于　　与　　已经　　通过　　技术　　被

（1）水立方，（　　）北京奥林匹克公园内。

（2）她（　　）美国《商业周刊》评为"中国十大新建筑奇迹"。

（3）她（　　）成为北京市的新地标。

（4）水立方将（　　）"水冰转换"实现场馆"水冰双轮驱动"。

（5）水立方的科研攻关在很大程度上填补了国内外在建筑科技领域的（　　）空白。

（6）水立方的整体节能可达9%（　　）。

（7）水立方与鸟巢形成了地（　　）天、水与火之间的共生关系。

3. 词语填空

（　　）圆（　　）方　　　　（　　）（　　）关系

科研（　　）（　　）　　　　（　　）（　　）共生

一（　　）一（　　）　　　　（　　）（　　）建筑

4. 根据课文内容，说一说水立方建筑使用了哪些科学技术？

第十一课　上海地标——上海中心大厦

◎ 生词

1.	米	mǐ	（名）	meter
2.	万	wàn	（名）	ten thousand
3.	不仅	bù jǐn	（连）	not only
4.	层	céng	（名）	floor
5.	购物	gòu wù	（名）	shopping
6.	楼	lóu	（名）	building
7.	必须	bì xū	（副）	must
8.	任何	rèn hé	（代）	any
9.	超过	chāo guò	（动）	exceed
10.	部分	bù fēn	（名）	section
11.	管理	guǎn lǐ	（名）	management
12.	出发	chū fā	（名）	start
13.	节省	jié shěng	（动）	save
14.	材料	cái liào	（名）	materials

专　名

1. 上海中心大厦　Shàng hǎi-Zhōng xīn-Dà shà
   Shanghai Center Building
2. 钢筋混凝土　Gāng jīn-Hùn níng tǔ
   Reinforced Concrete
3. 世界金融中心　Shì jiè Jīn róng zhōng xīn
   World Financial Center

4. 双层透明幕墙　Shuāng céng Tòu míng mù qiáng
Double transparent Curtain wall

5. 圆角设计　Yuán jiǎo Shè jì
The rounded design

6. 加拿大　Jiā ná dà
Canada

7. 风荷载　Fēng hè zǎi
Wind Load

8. 风洞试验　Fēng dòng shì yàn
Wind Tunnel Test

9. 台风　Tái fēng
Typhoon

◎ 注释

1. 天际线：又称城市轮廓或全景，是城市整体结构的色彩、规模和标志性建筑。

2. 石库门：是一种具有西方文化和中国传统民居特点的新型建筑，以石头做门框，以乌漆实心厚木做门扇。

3. 建筑风荷载：是指空气流动形成的风遇到建筑物时，在建筑物表面产生压力或吸力，与建筑物本身的高度、形状有关。

4. 前所未见：以前没有看过或者发生过的。

5. 双层透明幕墙：是一种由双层玻璃幕墙通风排风系统和一系列附件组成的新型玻璃幕墙。

6. 参数化：用大尺度变量表征次网格或小尺度作用总体效应的方法。

7. 钢筋混凝土核心筒：是在建筑的中央部分，由电梯井道、楼梯、通风井、电缆井、公共卫生间、部分设备间围护形成中央核心筒，与外围框架形成一个外框内筒结构，以钢筋混凝土浇筑。此种结构十分有利于结构受力，并具有极优的抗震性。

8. 地基：是指建筑物下面支承基础的土体或岩体。

◎ 课文

上海地标——上海中心大厦

字数：811　　阅读时间：10 分钟

上海中心大厦高 632 米，面积 57.8 万平方米，作为上海的地标，加入陆家嘴区超高层建筑的天际线。项目定位是世界级的金融中心，包含一级办公
kōng jiān
区、休闲空间、购物中心、展示中心、精品酒店和文化空间（space）。设计
chuí zhí
来源于上海传统的石库门风格，在垂直（vertical）的城市背景下对其进行了
wān qū lì miàn　xuán zhuǎn shàng shēng　xiàng
重塑。弯曲立面（curved facade）和旋转上升（spin up）的外形象
zhēng
征（symbolize）了现代中国正在作为全球金融中心崛起。上海中心大厦不仅是一个地标，它同时象征着创造未来城市的新道路。

shēng tài
上海中心大厦的设计目标是激活城市生态（ecology）。大楼设计改变了
yǐ qián
以前（previously）将公园在城市中水平铺展开来的方式，而打造出垂直堆叠
jù hé
的聚合（aggregation）空间。创新的室内空中花园，使大厦不同于任何一座高楼。通过强调公共空间，在空中大堂设置商店、餐馆等必备设施，上海中心大
tǐ yàn
厦提供了全新的超高层建筑生活和工作体验（experience）。

cè lüè　bù duì chèn
Gensler 设计团队运用三大关键设计策略（strategy）——不对称
zhuī xíng jiàn zhù lún kuò
（asymmetry）形体、锥形建筑轮廓（conical building outline）和圆角设计，
dǐ yù
将有利于上海中心大厦抵御（withstand）上海常见的台风。Gensler 和美国宋

shí yàn shì
腾汤玛沙帝结构师事务所（Thornton Tomasetti）联手，在加拿大实验室（laboratory）进行风洞试验，进一步优化大厦外立面，使建筑风荷载减少了
chéng jiù
24%，成就（accomplish）了更轻量的结构，节省了材料开支。

打造前所未见的建筑形态，需要最创新的技术。上海中心大厦的双层透明
xīn ruì cān shù huà ruǎn jiàn
幕墙使用新锐参数化软件（cutting-edge parametric software），打造了超过两
guī gé　tǎ lóu
万多块玻璃面板，共七千多种不同规格（specifications）。塔楼（tower）结构
nián tǔ dì jī
必须建立在松软的粘土地基（clay foundation）上，并抵御强风和地震。大厦
shù gēn　jī xiè
的钢筋混凝土核心筒，像树根（root）一般深植地基；机械（imechanica）兼
shù zhī
避难层像树枝（branches）一样，衍生出大楼层层的结构。

上海中心大厦是世界上最先进的可持续高层建筑之一，采用各种技术展现
bāo guǒ
了对于城市环境的保护。建筑设计中的一个核心元素，是包裹（wrap）建筑
néng yuán　xiāo hào
的双层透明幕墙，减少了制暖和降温的能源（energy）消耗
xì tǒng
（consumption）。建筑设计充分利用最先进的节水措施、高效建筑管理系统（system）和能供大厦部分能耗的发电系统。

上海中心大厦的设计，为城市发展立下了许多标杆，同时打造宜人尺度的
lè qù
空间，为生活添加乐趣（pleasure）。上海中心大厦以人和环境为出发点，展示出未来超高层建筑的可能性。

（选自“地建师”公众号，DJSER. com，有改动）

◎ 练习

1. 根据课文内容填空

（1）上海中心大厦高（　　）米。

（2）上海中心大厦项目定位是（　　）。

（3）设计来源于上海传统的（　　）风格。

（4）上海中心大厦的设计目标是激活（　　）。

（5）Gensler 设计团队运用三大关键设计策略是（　　）、（　　）和(　　)。

（6）采用各种技术展现了对于（　　）的保护。

（7）建筑设计中的一个核心元素，是包裹建筑的（　　）。

（8）上海中心大厦的建设以（　　）和（　　）为出发点。

2. 选择合适的词语填空

垂直　提供　不仅　必须　任何　一样　通过　一般

（1）上海中心大厦（　　）是一个地标，它同时象征着创造未来城市的新道路。

（2）创新的室内空中花园，使大厦不同于（　　）一座高楼。

（3）（　　）强调公共空间，在空中大堂设置商店、餐馆等必备设施，上海中心大厦（　　）了全新的超高层建筑生活和工作体验。

（4）大楼设计打造出（　　）堆叠的聚合空间。

（5）大厦的钢筋混凝土核心筒，像树根深植地基（　　）；机械兼避难层像树枝（　　），衍生出大楼层层的结构。

（6）塔楼结构（　　）建立在松软的粘土地基上，并抵挡强风和地震。

3. 根据课文内容判断正误

（1）上海金融中心包含了一级办公区、休闲空间、购物中心、展示中心、精品酒店和文化空间等。(　　)

（2）上海金融中心的外形是弯曲立面和旋转上升的。(　　)

（3）风洞试验的作用有：进一步优化大厦外立面，使建筑风荷载减少了24%，成就了更轻量的结构，节省了材料开支。(　　)

（4）大楼设计没有改变将公园在城市中水平铺展开来的方式。(　　)

（5）上海中心大厦的双层透明幕墙使用新锐参数化软件，打造了超过四万多块玻璃面板，共八千多种不同规格。(　　)

（6）建筑设计充分利用了最先进的节水措施、高效建筑管理系统和能供大厦部分能耗的发电系统。(　　)

4. 想一想，说一说：课文介绍了上海中心大厦的哪些方面，你知道的世界金融中心有哪些？

第十二课　国家体育场（鸟巢）

◎ 生词

1.	夏	xià	（名）	summer
2.	观众	guān zhòng	（名）	audience
3.	冬	dōng	（名）	winter
4.	历史	lì shǐ	（名）	history
5.	成功	chéng gōng	（名）	success
6.	活动	huó dòng	（名）	activity
7.	社会	shè huì	（名）	society
8.	碗	wǎn	（名）	bowl
9.	座位	zuò wèi	（名）	seat
10.	东	dōng	（名）	east
11.	西	xī	（名）	west
12.	南	nán	（名）	south
13.	长	cháng	（形）	long
14.	宽	kuān	（形）	wide

专　名

1. 国家体育场-鸟巢　Guó jiā Tǐ yù chǎng-Niǎo cháo
   National Stadium-Bird's Nest
2. 第 29 届夏季奥运会　Dì èr shí jiǔ jiè xià jì ào yùn huì
   The 29th Summer Olympics
3. 北京冬奥会　Běi jīng dōngào huì
   Beijing Winter Olympic Games

4. 北京冬残奥会　Běi jīng dōng cán ào huì
Beijing Paralympic Winter Games
5. 世界田径锦标赛　Shì jiè tián jìng jǐn biāo sài
The World Championships
6. 亚洲文化嘉年华　Yà zhōu wén huà jiā nián huá
Asian Cultural Carnival
7. 太阳能光伏发电　Tài yáng néng guāng fú fā diàn
Solar Photovoltaic Power Generation

◎ 注释

1. 钢桁架：用钢材制造的桁架。工业与民用建筑的屋盖结构吊车梁、桥梁和水工闸门等，常用钢桁架作为主要承重构件。

2. 可再生能源：是指从可再生资源收集的能量，如从阳光、风、雨、潮汐、波和地热等资源获得的能量。

3. 太阳能光伏发电技术：光伏发电当中，主要是运用了太阳能资源，其具有取之不尽、用之不竭的特点，并且对环境的污染较传统的煤炭资源来说比较小。

4. 绿色建筑：指在建筑的全寿命周期内，最大限度地节约资源，包括节能、节地、节水、节材等，保护环境和减少污染，为人们提供健康、舒适和高效的使用空间，与自然和谐共生的建筑物。

◎ 课文

国家体育场（鸟巢）

字数：636　　阅读时间：8分钟

国家体育场（鸟巢）是第29届夏季奥运会的主体育场，位于北京奥林匹

克公园中心区，占地 20.4 公顷，建筑面积 25.8 万平方米，可容纳观众 9.1 万
bèi yù wéi
人。2008 年，被誉为（be known as）新建筑奇迹的国家体育场（鸟巢）见证了一届无与伦比的夏季奥运会；2015 年，鸟巢又成功举办了世界田径锦标赛；
mù guāng
2019 年，亚洲文明对话大会的重点活动——亚洲文化嘉年华再将世界目光
jù jiāo
（look）聚焦（focus）鸟巢。2022 年，鸟巢还将成为北京冬奥会、冬残奥会开闭幕式场地。作为历史上第一个举办过夏季和冬季奥运会开闭幕式的体育
chāo yuè　chún cuì
场，鸟巢已成为代表国家形象的标志性建筑，超越（beyond）了纯粹
fù yǔ　shén shèng
（pure）的体育或建筑概念，被赋予（give）更神圣（sacred）的社会意义。

国家体育场工程是特级体育建筑，主体结构设计使用年限 100 年，主体
gāng héng jià　wǎn zhuàng zuò wèi qū
建筑是由一系列钢桁架（steel truss）围绕碗状座位区（the bowl-
tuǒ yuán
shaped seating area）编制而成的椭圆（oval）鸟巢外形，南北长 333 米、东西宽 296 米，最高处高 69 米。国家体育场从 2003 年 12 月 24 日开工建设，到 2008 年 6 月 28 日完成。

jī zuò
国家体育场坐落在由地面缓缓坡起的基座（base）平台上，观众可由奥
dào dá
林匹克公园沿基座平台到达（reach）体育场。基座北侧是下沉式的热身场地，通过运动员通道与主场内的比赛场地连通。体育场基座以上部分共七层，
guì bīn jiē dài qū
设有观众服务设施、媒体工作区、贵宾接待区（VIP reception area）以及商业区等。基座以下部分共三层，设有零层内部环路、停车场和大量功能用房。碗型看台分为上、中、下三层，并在上、中层看台之间设置包厢及其座位区。

国家体育场在建设中采用了先进的节能设计和环保措施，比如良好的自然
quán miàn huí shōu　kě zài shēng dì rè néng
通风和自然采光、雨水的全面回收（fully recycled）、可再生地热能
yuán
源（renewable geothermal energy）的利用、太阳能光伏发电技术的应用等，是大型“绿色建筑”。

（选自国家体育场鸟巢官网：http：//www.n-s.cn/国家体育场·鸟巢，有改动）

◎ 练习

1. 根据课文内容选择正确的答案

（1）国家体育场（鸟巢）是第几届夏季奥运会的主体育场？（　　）

A. 24 届　　B. 26 届　　C. 29 届　　D. 30 届

（2）25.8 万平方米是指建筑的什么？（　　）

A. 面积　　B. 长短　　C. 大小　　D. 高低

（3）2022 年，鸟巢还将成为哪两个奥运会的开闭幕式场地？（　　）

A. 北京夏奥会、夏残奥会开闭幕式场地

B. 北京夏奥会、冬残奥会开闭幕式场地

C. 北京冬奥会、冬残奥会开闭幕式场地

D. 北京冬奥会、夏残奥会开闭幕式场地

（4）鸟巢主体结构设计使用年限是（　　）。

A. 90 年　　B. 100 年　　C. 120 年　　D. 150 年

（5）体育场基座以上部分是几层，以下部分是几层？（　　）

A. 7、3　　B. 5、2　　C. 6、5　　D. 8、4

（6）体育场基座以下部分有什么？（　　）

A. 零层内部环路

B. 停车场

C. 大量功能用房

D. 以上都有

（7）国家体育场在建设中采用了哪些节能环保措施？（　　）

A. 自然通风和自然采光

B. 雨水的全面回收

C. 可再生地热能源和太阳能光伏发电技术

D. 以上都有

2. 根据课文内容回答下列问题

（1）鸟巢是什么，有多大？

____

（2）鸟巢的位置在哪儿？

____

（3）在鸟巢举办过哪些活动？

____

（4）鸟巢建筑有什么意义？

____

（5）体育场基座以上部分有什么？

____

（6）鸟巢基座北侧是什么样的热身场地？

____

3. 根据课文内容填空

（1）2015 年，鸟巢（　　）成功举办了世界田径锦标赛。

（2）2019 年，亚洲文明对话大会的重点活动——亚洲文化嘉年华(　　)将世界目光聚焦鸟巢。

（3）国家体育场工程（　　）特级体育建筑。

（4）鸟巢的主体建筑南北（　　）333 米、东西（　　）296 米，最高处（　　）69 米。

（5）碗型看台分为（　　）三层。

4. 想一想，说一说：国家体育中心（鸟巢）的主体建筑是什么？

第十三课　都江堰水利工程

◎ 生词

1.	由于	yóu yú	(介)	because of
2.	作用	zuò yòng	(名)	effect
3.	总结	zǒng jié	(动)	summarize
4.	丰富	fēng fù	(形)	abundant
5.	健康	jiàn kāng	(名)	healthy
6.	世纪	shì jì	(名)	century
7.	省	shěng	(名)	province

专　名

1. 都江堰水利工程　Dū jiāng yàn Shuǐ lì gōng chéng
   Dujiangyan Water Conservancy Project
2. 天府之国　Tiān fǔ zhī guó
   Nature's Storehouse
3. 世界文化遗产名录　Shì jiè wén huà yí chǎn míng lù
   World Cultural Heritage List
4. 岷江　Mín Jiāng　Min River
5. 鱼嘴　Yú zuǐ　Fish-mouth
6. 飞沙堰　Fēi shā Yàn　Flying Sand Weir
7. 紫坪铺水库　Zǐ píng pù Shuǐ kù　Zipingpu Reservoir
8. 成都平原　Chéng dū Píng yuán　Chengdu Plain

◎ 注释

1. 水利工程：指为了控制、调节和利用自然界的地面水和地下水，以达到除害兴利的目的而兴建的各种工程。例如：防洪工程、农田水利工程（灌溉工程）、水力发电工程、航运及城市供水、排水工程。

2. 无坝引水：灌溉区附近河流水位、流量均能满足灌溉要求时，即可选择适宜的位置作为取水口修建进水闸引水自流灌溉。

3. 取水枢纽：是指为从河流、湖泊等地表水源引水而修建在取水地段的水工建筑物综合体，又称引水枢纽或渠首工程。

4. 灌溉：用水浇地，利用渠道或管道输水到农田，满足耕作及作物生长的需要。例如：在农业生产中，使用了灌溉技术。

5. 鱼嘴分水堤：是指形状如鱼嘴的分水堤，把岷江分成内外二江。外江主要用于排洪；内江，是人工引水渠道，主要用于灌溉。发挥分汊河流的分水分沙作用。

6. 飞沙堰溢洪道：具有泄洪排砂的功能，主要作用是当内江的水量超过宝瓶口流量上限时，多余的水便从飞沙堰自行溢出；另一作用是“飞沙”，将岷江带来的泥沙和卵石抛入外江（主要是巧妙地利用离心力作用），确保内江通畅。

7. 宝瓶口引水口：起“节制闸”作用，能自动控制内江进水量，是人工凿成控制内江进水的咽喉，因它形似瓶口而功能奇特，所以叫宝瓶口。

◎ 课文

都江堰水利工程

字数：708　　阅读时间：8 分钟

都江堰水利工程由秦蜀守李冰创建于公元前（gōng yuán qián）（Before Christ）256 年，距今已有 2275 年。由于孕育（yùn yù）（be pregnant of）了繁荣（fán róng）富饶（fù ráo）（prosperous）的“天府之国”四川成都，两千多年来长盛不衰、持续发展，都江堰被誉为人与自然和谐相处的范例。同时，都江堰也代表（dài biǎo）（represent）了我国当时水利工程的先进水平，这是我国现存世界上历史最长的，仍在一直使用，以无坝引水为特征的宏大水利工程，是古代劳动人民智慧（zhì huì）（wisdom）的成果。2000 年，都江堰被列入“世界文化遗产”名录。

都江堰渠首工程是都江堰水利工程的取水枢纽，位于成都平原顶端（dǐng duān）（top），既守护着岷江出山口的水势，又掌控着渠首以东的广大灌溉（guàn gài）（irrigation）区，位置关键、选址巧妙。渠首工程由鱼嘴分水堤、飞沙堰溢洪道、宝瓶口引水口三大主体工程和各类工程组成，三大工程首尾呼应、联合运行（lián hé yùn xíng）（joint operation），科学地解决了引水、泄洪、排沙等诸多问题，为都江堰灌区兴水之利、避水之害发挥了关键性的作用。

在漫长（màn cháng）（endless）的发展历程中，历代（lì dài）（every generation）都江堰治水者上下求索，励精图治，探寻都江堰的最佳布局和工程构造，促进了都江堰治水技术和制度的不断发展，并且形成了独特（dú tè）（unique）的堰工技术和修建制度，总结出许多治水原则和治水理念，孕育出内涵（nèi hán）（connotation）丰富的都江堰水文化。

新中国成立之后，都江堰迎来了飞跃发展，实施了四次大整修，都江堰水利工程已经发展成为引水、蓄水、提水相结合的特大型水利工程系统，灌溉面积由286万亩扩大（kuò dà）（expand）到现在的1076万亩，供水区范围涵盖成都市在内的7市38县（市、区），供水功能（gōng néng）（function）发展到生活、生产及生态供水的全方位服务。特别是进入21世纪后，随着上游的紫坪铺水库及成都市应急水源工程（chéng dū shì yìng jí shuǐ yuán gōng chéng）（Chengdu Emergency Water Source Project）等的先后建成，都江堰渠首工程体系进一步完善，水资源调度配置能力进一步增强，灌区水利工程标准进一步提高，为保障（bǎo zhàng）（safeguard）四川省粮食安全、经济发展、生态健康和社会稳定发挥着重要作用。

（选自都江堰水利工程网：http：//dujiangyan. com. cn，四川省都江堰管理局，有改动）

◎ 练习

1. 根据课文内容回答问题

（1）都江堰水利工程创建于公元前哪一年？

____

（2）"天府之国"是指什么？

____

（3）都江堰水利工程最大的特征是什么？

____

（4）都江堰水利工程的取水枢纽是什么？

____

（5）都江堰渠首工程的三大主体工程是什么，有什么作用？

____

（6）紫坪铺水库及成都市应急水源工程建成后有什么作用？

____

2. 根据课文内容填空

（1）都江堰被誉为人与自然和谐相处的范例。（　　），也代表了我国当时水利工程的先进水平。

（2）2000 年，都江堰（　　）列入“世界文化遗产”名录。

（3）都江堰渠首工程（　　）都江堰水利工程（　　）取水枢纽。

（4）都江堰渠首工程（　　）守护着岷江出山口的水势，（　　）掌控着渠首以东的广大灌溉区。

（5）都江堰水利工程（　　）发展成为引水、蓄水、提水相结合的特大型水利工程系统。

（6）都江堰水利工程为保障四川省粮食安全、经济发展、生态健康和社会稳定发挥着（　　）作用。

3. 词语填空

长（　　）不（　　）	励（　　）图（　　）
（　　）（　　）呼应	（　　）（　　）求索
兴（　　）之（　　）	（　　）水之（　　）

4. 读完文章，请你介绍一下都江堰水利工程，并且说一说你知道的水利工程有哪些？

第十四课　四合院与四合院文化

◎ 生词

1.	安静	ān jìng	（形）	quiet
2.	变化	biàn huà	（名）	change
3.	对面	duì miàn	（名）	opposite
4.	发生	fā shēng	（动）	happen
5.	过去	guò qù	（名）	past
6.	还是	hái shì	（动）	or
7.	讲	jiǎng	（动）	speak
8.	街道	jiē dào	（名）	street
9.	老	lǎo	（形）	old
10.	乱	luàn	（形）	in a mass
11.	满	mǎn	（形）	full
12.	然后	rán hòu	（副）	afterwards
13.	首先	shǒu xiān	（副）	firstly
14.	条件	tiáo jiàn	（名）	condition
15.	推	tuī	（形）	push
16.	无论	wú lùn	（连）	no matter what
17.	只有	zhǐ yǒu	（连）	only

专　名

四合院	Sì hé yuàn	Quadrangle dwellings

◎ 注释

1. 纵轴线：房屋平面图中纵的网线叫“轴”，也叫纵轴线。

2. 横轴线：房屋平面图中横的网线叫“线”，也叫横轴线。

3. 影壁：也叫照壁，是中国传统建筑中用于遮挡视线的墙壁。

4. 胡同：指城镇或者乡村里主要街道之间比较小的街道，一直通向居民区的内部。

◎ 课文

四合院与四合院文化

字数：635 字　　阅读时间：8 分钟

rén lèi　shēng cún　bì yào
房屋，是人类（mankind）生存（survive）的必要（main）条件之一。
fù yǔ
随着社会的发展，房屋不仅满足了人们遮风避雨的需要，也逐渐被赋予
yì yì　shí dài　dì qū
(give) 了文化意义（meaning），各个时代（era）、各个地区（area）虽然都
shèng xíng　xíng shì　biàn bù
有盛行（prevail）的民居形式（form），但贯穿历史、遍布（throughout）
jiàn zhù
全国各地的建筑（architecture）布局，就只有四合院了。

zǔ qún　bù jú　duì chèn
四合院的庭院与组群（group）布局（layout），大多采用均衡对称
fāng shì　héng
(symmetry) 的方式（mode），沿着纵轴线和横（horizontal）轴线进行设计。
ān zhì　xiū jiàn
首先在纵轴线上安置（arrange for）主要建筑，并在院子左右两侧对称修建
(construct) 两座形体较小的建筑，然后在主要建筑的对面建一座次要建筑，
gòu chéng　fēng bì
构成（constitute）正方形或长方形的庭院。对称式平面与封闭（closed）

gǔ dài
式外观是四合院的两个主要特点，这种布局适合中国古代（ancient）社会的
zhì dù　chéng yuán
宗法与礼教制度（institution），便于安排家庭成员（member）的住所，易
shū shì
形成安静舒适（comfort）的生活环境。

yōu jiǔ
说起四合院，人们大多想到的还是北京。北京四合院有着悠久（long）
guī huà　hú tòng
的历史，元大都营建之初，即对城内街道进行了规划（plan）。胡同（alley）
开在街道两侧，多为东西走向，四合院就建在胡同两边，路北、路南均有院
jī běn
落。四合院无论大小，都由基本（basic）单元——“院”构成。由四面房屋
围成的庭院，为四合院的一“院”，叫作“一进四合院”，围成两个院落即为
dà xíng
“两进四合院”，以此类推，一些大型（large-scale）四合院可多达七进、九
jiǎng jiū
进院落。此外，北京四合院讲究（stress）含蓄、祥和，其大门内都有一面
yǐng bì　dǎng　yǐn
影壁（screen wall），既挡（ward off）住了院内的杂乱，又藏住了主人的隐
sī
私（privacy）。

jí biàn　suì yuè　zhuān
即便（even if）风雨更造、岁月（time）剥蚀，北京四合院内的一砖（brick）一石仍能唤起人们对历史的回忆，对中华文化的向往。随着时代的变迁，城市布局发生了很大变化，新的建筑拔地而起，慢慢取代了往日的四合院，林立在四周。城中的那些老房子也越来越多地成为文物，四合院的时代过
jiē duàn
去了，北京城的历史也进入了新阶段（phase）。

（选自《环球人文地理》，韩茂莉文，有改动）

◎ 练习

1. 用适当的词语填空

（1）房屋是人类生存的必要（　　）之一。

（2）房屋（　　）满足人们遮风避雨的需要。

(3)(　　)在纵轴线上安置主要建筑。
(4)四合院就建在胡同(　　)，路北、路南均有院落。
(5)四合院(　　)大小，(　　)由基本单元——“院”构成。
(6)(　　)时代的变迁，城市布局发生了很大变化。
(7)新的建筑拔地而起，(　　)取代了往日的四合院。
(8)城中的老房子也(　　)地成为文物。

2. 根据课文内容回答下列问题

(1)贯穿历史、遍布全国各地的建筑布局是哪种民居形式？

____

(2)四合院的庭院与组群布局是如何设计的？

____

(3)四合院的两个主要特点是什么？

____

(4)四合院的布局有什么优点？

____

(5)说起四合院，人们会想到哪个城市？

____

(6)四合院内的影壁有什么作用？

____

3. 选择对下列词或词组的正确解释

(1)贯穿	A. 走路	B. 连通
(2)布局	A. 局面	B. 安排
(3)杂乱	A. 混乱	B. 杂草
(4)变迁	A. 变化	B. 转圈
(5)林立	A. 形容建筑很多	B. 形容树林的样子
(6)文物	A. 文具用品	B. 宝贵的历史文化事物

4. 读完文章，谈谈你对北京四合院的看法

第十五课　蒙　古　包

◎ 生词

1.	矮	ǎi	（形）	short
2.	包	bāo	（名）	bag
3.	方向	fāng xiàng	（名）	direction
4.	花	huā	（名）	flower
5.	几乎	jī hū	（副）	nearly
6.	交	jiāo	（动）	hand over
7.	毛	máo	（名）	fur
8.	民族	mín zú	（名）	nation
9.	伞	sǎn	（名）	umbrella
10.	腿	tuǐ	（名）	leg
11.	完全	wán quán	（副）	totally
12.	亚洲	yà zhōu	（名）	Asia
13.	一般	yì bān	（形）	ordinary
14.	周围	zhōu wéi	（名）	round

专　名

1. 蒙古包	Měng gǔ bāo	Mongolian yurt
2. 亚洲	Yà zhōu	Asia
3. 游牧民族	Yóu mù mín zú	Nomadic nations
4. 西伯利亚	Xī bó lì yà	Siberia

◎ 注释

1. 哈那：蒙古包的结构。

2. 舍饲：在圈内喂养牲畜。

3. 砖瓦房：由砖砌成，用瓦做屋顶的房屋。

◎ 课文

蒙 古 包

字数：591 字　　阅读时间：8 分钟

míng chēng　wén míng yú shì　jiàn zhù
以蒙古包这一名称（name）闻名于世（be world-famous）的建筑
xíng shì
（architecture）形式（form），是亚洲游牧民族的一大创举。

蒙古包的包门开向东南，既可避开西伯利亚的强冷空气，也沿袭着以日出
fāng xiàng　jí xiáng　chuán tǒng
方向（direction）为吉祥（auspicious）的古老传统（tradition）。在帐内中间，安放着高约二尺的火炉。火炉的东侧放着放炊具的碗橱，火炉上方的
pū　zhān
帐顶开有一个天窗。火炉西边铺（pave）着地毡（felt），地毡上放着矮腿的
dǐng
雕花木桌。包顶（top）是用七尺左右的木棍，绑在包的顶部交叉架上，成为伞形支架。包顶和侧壁都覆以羊毛毡。

jiāo chā
普通的蒙古包，高约十尺至十五尺之间。包的周围用柳条交叉（cross）
hā nà
编成五尺高、七尺长的菱形网眼的内壁，蒙古语把它叫作“哈那”。蒙古包的
gēn jù　zhǔ rén　dì wèi
大小，主要根据（on the basis of）主人（host）的经济情况和地位（status）而定。普通小包只有四扇“哈那”，适于游牧，通称四合包。大包可达十二扇“哈那”。

包内右侧为家中主要成员（chéng yuán）（member）座位和宿处，左侧一般为次要（cì yào）（secondary）成员座位和宿处（蒙古族住房也以西为大，长者居右）。蒙古包的中间设有供饮炊和取暖的火炉，烟筒从包顶的天窗出去（古时没有火炉和烟筒，一般都是在帐幕中间生火，烟从天窗出去）。现代（xiàn dài）（modern）卧榻有的铺设木床，有的设有矮床。

一个蒙古包一般只供一夫一妻及其子女居住（jū zhù）（live）。新婚夫妇（fū fù）（couple）要建新包，有的是新娘（xīn niáng）（bride）父母陪送。家庭经济条件好的或眷属多的，一家有几个蒙古包。但凡有两个以上蒙古包的家庭（jiā tíng）（family），都是长者居最西侧的蒙古包。

在中国，随着蒙古族游牧习俗向定点放牧或舍饲半舍饲转变（zhuǎn biàn）（change），蒙古族人民几乎完全定居在砖瓦房或楼房里。现在只有在那些旅游区才能见到传统（chuán tǒng）（traditional）意义（yì yì）（meaning）上的蒙古包了。

（选自 360 百科：https：//m. baike. so. com/doc/2268457-2399878. html，有改动）

◎ 练习

1. 根据课文内容选择正确答案

（1）蒙古包是哪个洲游牧民族的创举？（　　）

A. 欧洲　　B. 非洲　　C. 亚洲　　D. 大洋洲

（2）在蒙古包帐内，安放着高约多少的火炉？（　　）

A. 5 尺　　B. 2 尺　　C. 3 尺　　D. 8 尺

（3）火炉的哪一侧放着放炊具的碗橱？（　　）

A. 东侧　　B. 西侧　　C. 南侧　　D. 北侧

（4）普通小包有多少扇“哈那”？（　　）

A. 4　　B. 12　　C. 8　　D. 7

（5）包内右侧是哪些人的座位？（　　）

A. 新婚夫妇　　B. 次要成员　　C. 孩子们　　D. 主要成员

（6）在中国，哪里可以看到蒙古包？（　　）

A. 随处可见　　　　B. 游牧民族的旅游区
C. 海边　　　　D. 山里

2. 用适当的词语填空

(1) 蒙古包的包门开向东南，(　　) 可避开西伯利亚的强冷空气，(　　)沿袭以日出方向为吉祥的古老传统。

(2) 火炉 (　　) 的帐顶开有一个天窗。

(3) 普通的蒙古包，高约十尺 (　　) 十五尺之间。

(4) 普通小包 (　　) 游牧，通称四合包。

(5) 大包可 (　　) 十二扇“哈那”。

(6) 现代卧榻 (　　) 铺设木床，(　　) 设有矮床。

(7) 一个蒙古包 (　　) 只供一夫一妻及其子女居住。

(8) (　　) 有两个以上蒙古包的家庭，都是长者居最西侧的蒙古包。

3. 根据课文内容回答下列问题

(1) 蒙古包的包顶形成了什么形状的支架？

____

(2) 蒙古语把什么称作“哈那”？

____

(3) 蒙古包的大小依据什么而定？

____

(4) 现在蒙古族人民几乎完全定居在哪里？

____

4. 结合文章，你认为蒙古包的设计合理吗，为什么？

第十六课　中国古典园林的建筑艺术

◎ 生词

1.	办法	bàn fǎ	（名）	method
2.	北方	běi fāng	（名）	north
3.	动物	dòng wù	（名）	animal
4.	基础	jī chǔ	（名）	basis
5.	离开	lí kāi	（动）	leave
6.	认为	rèn wéi	（动）	think
7.	如果	rú guǒ	（连）	if
8.	生气	shēng qì	（名）	vitality
9.	艺术	yì shù	（名）	art
10.	植物	zhí wù	（名）	plant

专　名

1.	中国古典园林	Zhōng guó gǔ diǎn yuán lín	Chinese classical garden
2.	皇家园林	Huáng jiā yuán lín	Royal garden
3.	私家园林	Sī jiā yuán lín	Private garden
4.	寺观园林	Sì guàn yuán lín	Temple garden

◎ 注释

1. 匾额：古建筑的组成成分，一般挂在门上方、屋檐下。

2. 楹联：也叫“对联”，是写在纸、布上或刻在竹子、木头、柱子上的对偶语句。

3. 曲径通幽：弯曲的小路，通到幽深僻静的地方。

4. 借景：在视力所及的范围内，将好的景色组织到园林视线中的手法。

◎ 课文

中国古典园林的建筑艺术

字数：685字　　阅读时间：10分钟

中国古典 gǔ diǎn（classical）园林 yuán lín（garden）艺术是人类文明 rén lèi wén míng（human civilization）的重要遗产 yí chǎn（heritage），被认为是世界园林之母，世界艺术奇观。

中国古典园林共由六大要素 yào sù（elements）构成 gòu chéng（constitute）：筑山，理池，植物，动物，建筑 jiàn zhù（architecture），匾额 biǎn é，楹联 yíng lián 与刻石。为表现 biǎo xiàn（show）自然，筑山是造园的最重要的要素之一。不论哪一种园林，水是最富有生气的要素，无水不活。植物是另一个重要的要素。花木有如山峦 shān luán（chain of mountains）之发，水景如果离开了花木也没有美感。中国古代园林用种种办法来分隔空间 kōng jiān（space），以达到 dá dào（attain）曲径通幽的效果。

中国园林按园林基址来分可分为两类。第一类是人工 rén gōng（artificial）山水园，在城镇的建筑环境里面创造 chuàng zào（create）模拟天然野趣的小环境，像是点点绿洲，故也称 chēng（call）之为“城市山林”。第二类是天然山水园，兴造天然山水园如果选址合适，则 zé（so）能以少量的花费而获得远胜于人工山水园的天然风景 fēng jǐng（scenery）之真趣。如果按建园者身份 shēn fèn（identity）来分可分为三类。第一类是皇家园林，专供帝王休息享乐的园林。其特点是规模(guī mó)（scale）宏大，真山真水较多。第二类是私家园林，是供皇家的宗室、王公官吏(guān lì)（officer）、富商等休闲(xiū xián)（relaxed）的园林。其特点是规模较小，所以常用假山假水，建筑小巧玲珑，表现其素净的色彩(sè cǎi)（color）。第三类是寺观园林，佛寺和道观的附属(fù shǔ)（affiliated）园林，也包括(bāo kuò)（include）寺观内部(nèi bù)（inside）庭院和外围地段的园林化环境。

中国古典园林建筑有自然性、意境美、巧于借景和园林建筑色彩明快、装饰(zhuāng shì)（decorate）精巧四个艺术特点。自然性表现在建筑与环境的融合很完美(wán měi)（perfect）；意境美就是在古典园林中，将建筑功能(gōng néng)（function）和环境条件巧妙(qiǎo miào)（ingenious）地融合在一起，在达到使用要求的基础上巧于造景；借景在我国古典园林建筑布局(bù jú)（layout）建设中有着重要地位，可以把有景效价值的建筑物及山石、水体、花木等自然景物纳入画面中；园林建筑色彩明快、装饰精巧则是在中国古典园林中，无论是北方的皇家园林还是江南的私园或者其他风格的建筑，其色彩都极鲜明(xiān míng)（bright）。

（选自《花卉》，张帆等文，有改动）

◎ 练习

1. 据课文内容选择正确答案

（1）中国古典园林中最有生气的要素是什么？（　　）

A. 水　　B. 筑山　　C. 匾额　　D. 动物

（2）哪一类园林被称为“城市山林”？（　　）

A. 天然山水园　　B. 人工山水园　　C. 皇家园林　　D. 私家园林

（3）哪一类园林规模宏大，真山真水较多？（　　）

A. 皇家园林　　B. 寺庙园林　　C. 私家园林　　D. 天然山水园

（4）什么在我国古典园林建筑布局建设中有着重要地位？（　　）

A. 自然性　　B. 美观性　　C. 借景　　D. 色彩

(5) 无论是北方的皇家园林还是江南的私园或者其他风格的建筑，哪方面是极鲜明的？(　　)

A. 风格　　B. 花木　　C. 山石　　D. 色彩

2. 用适当的词语填空

(1) 中国古典园林（　　）认为是世界园林之母，世界艺术奇观。

(2) 植物是另一个（　　）的要素。

(3) 中国园林按园林基址来分（　　）分为两类。

(4)（　　）按建园者身份来分可分为三类。

(5) 第一类是皇家园林，专供帝王（　　）享乐的园林。

(6) 自然性表现在建筑与环境的（　　）很完美。

(7)（　　）就是在古典园林中，将建筑功能和环境条件巧妙地融合在一起，在达到使用要求的基础上巧于造景。

(8) 借景可以把有景效价值的建筑物及山石、水体、花木等自然景物纳入（　　）中。

3. 选择下列词语在文章中的正确含义

(1) 遗产　A. 死者留下的财产　B. 历史上留下的精神财富或者物质财富

(2) 生气　A. 表示生命力强　B. 发火

(3) 享乐　A. 指听音乐　B. 享受快乐

(4) 素净　A. 周围很安静　B. 颜色清淡

(5) 借景　A. 借用周围环境　B. 情况很好

(6) 价值　A. 价格　B. 很好的作用

4. 查找中国古典园林图片，说一下你最喜欢哪座园林，为什么？

第十七课　苗族吊脚楼建筑研究

◎ 生词

1.	按照	àn zhào	（动）	according to
2.	穿	chuān	（动）	wear
3.	高	gāo	（形）	tall
4.	贵	guì	（形）	expensive
5.	可以	kě yǐ	（副）	can
6.	所以	suǒ yǐ	（连）	so
7.	所有	suǒ yǒu	（形）	all
8.	允许	yǔn xǔ	（动）	allow

专　名

1. 苗族	Miáo zú	the Miao nationality
2. 吊脚楼	Diào jiǎo lóu	Stilted Building
3. 贵州	Guì zhōu	Guizhou Province

◎ 注释

1. 横梁：建筑中常平放使用的粗大的长木料。

2. 穿斗式木构架：中国古代建筑的一种形式，用料小，整体性强。

3. 斗枋：用在檐柱柱头中间的木料。

4. 檩条：一种横架在屋顶表面的建筑材料。

5. 榫卯结构：中国古建筑以木材、砖瓦为主要建筑材料，以木构架结构为主要的结构方式，由立柱、横梁、顺檩等主要构件建造而成，各个构件之间的结点以榫卯相吻合，构成富有弹性的框架。

◎ 课文

苗族吊脚楼建筑研究

字数：570 字　　阅读时间：9 分钟

diào jiǎo lóu　chuán tǒng　jiàn zhù
吊脚楼（Stilted Building）是苗族的传统（traditional）建筑
xíng shì
（architecture），是中国特有的古老建筑形式（form）。吊脚楼的后半部分建在
xié dù　shān pō　zuò wéi
斜度（tilt）比较大的山坡（hillside）上，前半部分使用木柱子作为（as）
zhī chēng　chēng wéi
支撑（support）形成吊脚柱，所以被称为（call）吊脚楼。

苗族的吊脚楼一般都是建造在斜坡上，分成两层或者三层，最上面一层很
sì yǎng
矮，只用来存放食物不住人，楼下用来放杂物或者饲养（feed）牲口。在斜
xiāo　píng tái
坡上建造吊脚楼，把地削（peel）成一个“厂”字形的土平台（terrace），
zhuāng shàng
土平台下面用长木柱作为支撑，按照土平台的高度取一段装上（install）
chuān fāng　héng liáng　píng xíng
穿枋（a kind of wood）和横梁，与土平台平行（parallel）。

jié gòu　tǐ xì
吊脚楼的建造结构（structure）有着它特别的工艺，吊脚楼的结构体系（system）属于穿斗式木构架，特点就是把所有的柱子串联起来，形成一个房
tán tiáo　fāng xiàng　dǒu fāng
屋的构架，檩条放置在柱头上面，沿着檩条的方向（direction）再用斗枋（a kind of wood）把柱子联在一起。

sǔn mǎo jié gòu
值得一提的是，吊脚楼建筑中的所有材料间的连接都采用榫卯结构，榫

卯结构是一种极为精巧的发明（fā míng）（invent），这种构建不但可以承担（chéng dān）（undertake）较大的荷载（hè zài）（load），而且还允许出现一定的变形，在地震（dì zhèn）（earthquake）荷载下通过变形抵消一定的地震能量（néng liàng）（energy），减小结构的地震响应（xiǎng yìng）（response）。

苗族吊脚楼建筑这种古老的建筑方式，应该被保护和传承下来，并且能够合理（hé lǐ）（reasonable）应用在其他地区。贵州（guì zhōu）等省份处于高原山地地形，在这种地形中，对房屋建造的技术要求大大增高，因为高原山地地区（dì qū）（area）中用以建造房屋的平地较为稀少，吊脚楼就能够很好地解决居住（jū zhù）（live）用地与耕作用地之间的问题，同时也能够充分（chōng fèn）（totally）利用（lì yòng）（utilize）当地（dāng dì）（local）的山地地形。吊脚楼这种建筑形式解决了地形对于建造房屋的技术上的影响，可谓是一举两得（yì jǔ liǎng dé）（kill two birds with one stone）。

（选自《文艺生活》，罗云昊文，有改动）

◎ 练习

1. 用适当的词语填空

（1）吊脚楼是（　　）的传统建筑。

（2）吊脚楼是（　　）特有的古老建筑形式。

（3）吊脚楼（　　）都是建造在斜坡上。

（4）土平台下面用长木柱作为支撑，（　　）土平台的高度取一段装上穿枋和横梁，与土平台平行。

（5）吊脚楼的结构体系（　　）穿斗式木构架。

（6）穿斗式木构架，（　　）就是把所有的柱子串联起来，形成一个房屋的构架。

（7）苗族吊脚楼建筑这种古老的建筑方式，应该（　　）保护和传承下来。

（8）在这种高山山地地形中，对房屋建造的技术要求（　　）增高。

2. 根据课文内容回答下列问题

（1）苗族的吊脚楼一般建在哪里，有几层？

____

（2）吊脚楼的最上面一层有什么用处？

____

（3）在斜坡上建造吊脚楼，把地削成一个什么字形的土平台？

____

（4）吊脚楼建筑中的所有材料间的连接都采用什么结构？

____

（5）榫卯结构有什么优点？

____

（6）吊脚楼在哪些地区用处最大？

____

3. 读完文章，说一说为什么叫“吊脚楼”？

第十八课 5G 一周年！5G，你为何这么“差”？

◎ 生词

1.	覆盖	fù gài	（动）	cover
2.	蜂窝	fēng wō	（名）	hive
3.	魔术	mó shù	（名）	magic
4.	频率	pín lǜ	（名）	frequency

专 名

1. 运营商	yùn yíng shāng	operator
2. 套餐	tào cān	combo meal；plan

◎ 注释

1. 紧锣密鼓：锣鼓点敲得很密，比喻公开活动前的紧张气氛和舆论准备。

2. 运营商：是指提供网络服务的供应商，如诺基亚、三星等通信设备的生产厂家叫生产商，而中国联通、中国电信、中国移动、中国广电这些公司叫运营商。

3. 基站：公用移动通信基站是无线电站台的一种，在一定的无线电覆盖区中，通过移动通信交换中心，与移动电话终端之间进行信息传递的无线电收发信电台。

◎ 课文

5G 一周年！5G，你为何这么“差”？

字数：1488 字　　阅读时间：15 分钟

2019 年 10 月 31 日，是三大运营商正式推出 5G 套餐的日子，这一标志也正式宣告了我国 5G 的正式商用。

这一年里，三大运营商客服纷纷来电推荐，速度快，技术新，引得众多新潮客户狂摁下单键，紧追数码潮流。然而，如今一年已过，5G 套餐 tào cān（combo meal；plan）价格居高不下，信号 xìn hào（signal）时好时坏，令无数用户苦恼，更有之，换了 5G，难觅 4G（一旦换了 5G 就无法再更改为 4G 套餐），而且，当前 4G 套餐也很难在运营商 yùn yíng shāng（operator）页面见到。

的确，近年来，5G 风头无人能及，经常成为微博热搜的常客，作为新一代的蜂窝移动通信技术，5G 有着高数据速率、延迟减少等优点，而刚刚结束不久的世界 5G 大会更是让大众切身感受到了 5G 已无处不在，可是，就是这样的一个“科技宠儿”为何却在通信上频频被扣以差评呢？

被称为信息技术领域“魔术”的 4G 技术始于 2009 年年末，4G 网络具有更高的安全性，更高的传输速度，以及更高的网络容量。用户可以通过支持 4G 信号的手机，随时随地使用移动网络服务。无论是 3G 还是 4G，中国的研发速度都比世界其他国家要晚。所以，当 3G 技术和 4G 技术在中国推行时，各方面成熟度都已较高，用户体验也更佳。但在覆盖方面，由于容易覆盖的频段都被占用，5G 能使用的频段又较高，覆盖与穿透能力就更会显得很差。总体而言，在 5G 信号还未全面覆盖时，就大面积地普及 5G，让 5G 提前“出生”，导致用户的体验感一再降低。

基站建设压力庞大，5G 信号传输需要 5G 宏基站的支持，根据最新的《2020 中国 5G 经济报告》，国内 2020 年至 2025 年的 5G 网络总投资额有望达 1.5 万亿元，这其中相当大一部分为基站投入。

基站是 5G 投资的重要组成，相关专家表示，5G 基站不论是造价还是运营成本等，均比 4G 时代有 2 倍至 3 倍的增加。如今三大运营商为了响应中央的支持和各地政府的号召，自然紧锣密鼓地大力开发和建设 5G 基站，根据工信部 7 月下旬公布的《2020 年上半年工业通信业发展情况》，数据显示今年上半年，新增 5G 基站就达到了 25.7 万个，即便根据招商银行研究院的数据：随着产业链逐步成熟，后期价格逐步降低，5G 宏基站的价格预计将从平均 25 万/个降为平均 14 万/个，但对于庞大的基站建设来说依旧是一笔不小的数目。5G 建设投入巨大，初期用户规模小，单 GB 运营成本依旧很高，这也就不难理解为何 5G 套餐均在百元以上的原因了。

5G 的显著优势就是拥有着超高的频率，频率越高，能使用的频率资源越丰富。频率资源越丰富，能实现的传输速率就越高。但根据波长等于光速比频率的公式来看，我们就能得到 5G 信号的另一个特点：波长短！而波长越短就越趋近于直线传播，简而言之就是绕射能力差，受阻碍性高。

所以，5G 的主要优势在于无障碍地区和高密度的用户覆盖，如果基建建设数量不够，再加之建筑的遮挡阻碍了高频率 5G 的传输，那么到达室内的 5G 信号就已微乎其微。但我们已经知道，宏基站的建设需要大量的人力和物力，而当前基站的覆盖率还未全面达到满足用户使用需求的程度。

既然 5G 消耗成本如此之大，为何国家还要大力支持？别急，我们再详细回顾一下 5G 的优点。5G 网络具有传输速度快、响应时间快、连接范围广等特点，受到了社会的广泛期待。北京、上海、广州、深圳等 50 城市将率先实现 5G 网络覆盖。前资深电信分析师马继华也曾表示：“5G 是发展的趋势，是一次全面的升级，随着 5G 网络的覆盖更好、5G 手机的普及，一定会有好的 5G 应用出来。这些 5G 应用在以前 4G 网络的基础上肯定是用不了、或者说是用不好的，到那个时候，5G 的价值就会显现出来，现在整个社会和用户都没必要太着急。”5G 的优势已不必多说，每一个新技术的产生都会有一段适应的过程，每一个新技术的产生前期也一定会有众多的阻碍和质疑，但随着技术的不断完善，新技术的优势会逐渐凸显并完全替代旧技术，完成新一轮技术的更新换代！

（选自《科技与金融杂志》，融哥文，有改动）

◎ 练习

1. 根据课文内容回答下列问题

（1）5G 有什么特点？

____

（2）5G 会取代 4G 吗？为什么？

____

（3）为什么 5G 的用户体验差？

____

（4）基站是什么？

____

2. 用适当的词语填空

（1）近年来，5G 风头无人能及，经常成为微博热搜的______。

（2）如今一年已过，5G 套餐______居高不下，信号时好时坏，令无数用户苦恼。

（3）5G 风头无人能及，作为新一代的蜂窝移动通信技术，5G 有着________优点。

（4）无论是在 3G 还是 4G，中国的研发速度都比世界其他国家要________。

（5）随着技术的不断完善，________的优势会逐渐凸显并完全替代旧技术，完成新一轮技术的更新换代。

（6）5G 建设投入巨大，初期用户规模小，单 GB 运营成本依旧很高，这也就不难理解为何 5G 套餐均在______以上的原因了。

3. 根据课文内容判断正误

（1）2019 年 10 月 31 日，是三大运营商正式推出 5G 套餐的日子，这一标志也正式宣告了我国 5G 的正式使用。（　）

（2）换了 5G，难觅 4G（一旦换了 5G 就无法再更改为 4G 套餐），而且，当前 4G 套餐也不能在运营商页面见到。（　）

（3）在 5G 信号还未全面覆盖时，就大面积地普及 5G，让 5G 提前“出生”，导致用户的体验感一再降低。（　）

（4）5G 信号的另一个特点是波长短，而波长越短就越趋近于直线传播，简而言之就是绕射能力差，受阻碍性高。（　）

（5）宏基站的建设需要大量的人力和物力，而当前基站的覆盖率已经全面达到满足用户使用的程度。（　）

（6）北京、上海、广州、深圳等 50 城市将率先实现 5G 网络覆盖。（　）

第十九课　R&S：5G 测试解决方案

◎ 生词

1.	场景	chǎng jǐng	（名）	scene
2.	大幅	dà fú	（副）	drastically
3.	规范	guī fàn	（名）	standard
4.	核心	hé xīn	（名）	core
5.	能耗	néng hào	（名）	energy consumption
6.	配置	pèi zhì	（名）	deploy
7.	驱动力	qū dòng lì	（名）	driving force
8.	演唱	yǎn chàng	（名）	sing（in a performance）

专　名

1.	3GPP	3rd Generation Partnership Project
2.	NSA	Non-Standalone
3.	MIMO	Multiple-Input Multiple-Output

◎ 注释

1. 能耗：能源的消耗。

2. 驱动力：专有术语，心理动力学认为人的行为是从继承而来的本能和生物驱动需求中产生的，而且为解决个人需要和社会要求之间的冲突、获取最佳生存状态、达到生理唤起和心理满足的行为提供的力量。

3. Gbps：交换带宽，是衡量交换机总的数据交换能力的单位，以太网是IEEE802.3 以太网标准的扩展，传输速度为每秒 1000 兆位（即 1 Gbps）。

◎ 课文

R&S：5G 测试解决方案

文章字数：1053　　阅读时间：10 分钟

yí dòng tōng xìn xì tǒng

随着移动通信系统（mobile communication system）带宽能力的增加，面向个人和行业的移动应用快速发展。移动互联网和物联网的快速发展，

jìn rù shì

成为 5G 的主要驱动力。面向 2020 年及未来的超高清、3D 和浸入式（immersion）视频的流行，将会驱动数据速率大幅提升，同时用户还希望能够在体育场、演唱会等超密集场所，高铁、车载、地铁等高速移动环境下也能够得到一致的业务体验；物联网的广泛应用，智能家居、智能电网、视频监控、移动医疗、车联网等应用对移动通信技术提出了更严格的低延时、高可靠性、大容量等需求。在新一代移动通信网络中，能耗、每比特成本、部署和维护的复杂度等可持续发展要求也进一步加强。

5G 关键技术介绍

目前从 5G 标准化进程来看，3GPP 第一个 5G 版本 Rel.15 已经于今年 12 月份正式冻结，也就是 NSA（非独立组网）核心标准已经冻结，5G 关键技术主要包括以下四个方面：

（1）毫米波。

所谓毫米波即波长范围在 1～10 毫米之间，也就是频率在 30GHz 到 300GHz 之间的无线电波。传统的移动通信工作频段主要集中在 3GHz 以下，使得频谱资源已经十分拥挤，而在高频段可用频谱资源丰富，能够有效缓解频谱资源紧张的现状，同时也可以实现高速短距离通信，支持 5G 容量和传输速率等方面的需求。不过毫米波频段传输存在着传输距离短、穿透力和绕射能力差、容易受气候环境影响等缺点，如果真正想要在毫米波频段实现 5G 的各种

业务，还有待一步研究和解决这些问题。

（2）大规模 MIMO 技术。

MIMO 技术已经广泛应用于 LTE、WLAN 等技术上面，理论上，天线越多，频谱效率和传输可靠性就越高。作为近年来备受关注的技术之一，多天线技术经历了从无源到有源，从二维到三维（3D），从高阶 MIMO 到大规模天线阵列的发展，将有望实现将频谱效率提升至十倍甚至更高，是目前 5G 技术重要的研究方向之一。

（3）高带宽传输。

根据香农定律可知，信道容量与带宽和信噪比成正比，为了满足 5G 网络 Gbps 级的数据速率，需要更大的带宽。频率越高，带宽就越大，信道容量也就越高，因此，高频段连续带宽将成为 5G 的主流选择。配合一些有效提升频谱效率的术，比如大规模 MIMO 等，在高带宽模式下可以很容易实现 10Gbps 的传输速率。

（4）新型空中接口技术。

为了进一步提高频谱利用率以及应用的灵活性，3GPP Release 15 定义了新型的 5G NR 空口技术规范，新的空口技术规范包括新型编码技术和新型参数集和帧结构。新型编码技术，目前 3GPP 会议确定在增强移动宽带场景中的数据道使用 LDPC 编码技，控制信道使用 Polar 编码技术；提到新型参数集和帧结构，为了应对不同频段和场景，在 5G 系统中规定以 15KHz 为基础子载波间隔，可以将子载波间隔配置为 15×2n KHz。同时系统还需要支持灵活的帧结构设计，帧结构灵活配置，以支持上下行业务速率不同需求的场景。

（选自《通信产业报》，王立春文，有改动）

◎ 练习

1. 解释下列词语的意思

（1）密集场所。

____

（2）人工智能。

____

（3）毫米波。

____

（4）MIMO 技术。

____

（5）高带宽传输。

____

2. 根据课文内容填空

（1）随着移动通信系统带宽和能力的增加，面向个人和行业的移动应用______。

（2）移动互联网和物联网的快速发展，成为______的主要驱动力。

（3）用户还希望能够在体育场、演唱会等________，高铁、车载、地铁等高速移动环境下也能够得一致的业务体验。

（4）物联网的广泛应用，智能家居、智能电网、视频监控、移动医疗、车联网等应用对移动通信技术提出了更严格的______________等需求。

（5）5G 关键技术主要包括 ______________________四个方面。

3. 根据课文内容判断正误

（1）作为近年来备受关注的技术之一，多天线技术经历了从无源到有源，从二维到三维（3D），从高阶 MIMO 到大规模天线阵列的发展，将有望实现频谱效率提升至十倍甚至更高，是目前 5G 技术重要的研究方向之一。(　　)

（2）面向 2020 年及未来，超高清、3D 和浸入式视频的流行，将会驱动数据速率大幅提升。(　　)

（3）目前从 5G 标准化进程来看，3GPP 第一个 5G 版本 Rel. 15 已经于今年 12 月份正式冻结。(　　)

（4）所谓毫米波，即波长范围在 1～10 毫米之间，也就是频率在 30GHz 到 300GHz 之间的电波。(　　)

（5）MIMO 技术已经广泛应用于 LTE、WLAN 等技术上面，理论上，天线越多，频谱效率和传输可靠性就越高。(　　)

（6）根据香农定律可知，信道容量与带宽和信噪比成反比。(　　)

第二十课　如何守护孩子的信息安全

◎ 生词

1.	辨别	biàn bié	（动）	distinguish
2.	杜绝	dù jué	（动）	stop
3.	抵御	dǐ yù	（动）	resist
4.	防护	fáng hù	（动）	protect
5.	侵蚀	qīn shí	（动）	corrode
6.	缺席	quē xí	（动）	absent
7.	探索	tàn suǒ	（动）	explore
8.	渗透	shèn tòu	（动）	penetrate
9.	种类	zhǒng lèi	（名）	kind

专　名

安卓系统　Ān zhuó Xì tǒng　Android system

◎ 注释

顶层设计：在工程学中的本义是统筹考虑项目各层次和各要素，追根溯源，统揽全局，在最高层次上寻求问题的解决之道。

◎ 课文

如何守护孩子的信息安全

文章字数：1211　　阅读时间：12 分钟

我们期待，在顶层设计之下，能够切实多方合力，营造健康、文明、有序的网络环境，抵御不良侵害，为未成年人提供更多的成长力量。

近日，一款名为“小肚皮”的 App 软件在众多家长之间引起了轩然大波。起因是一名家长发现家教机里这款定位为“超好玩的 00 后小窝”的社交聊天软件里，竟含有不适合孩子观看的“成人内容”。目前“小肚皮”软件已经紧急下架，开发者表示问题“可能是审查疏忽导致”，受制于机器识别的算法（suàn fǎ）（algorithm）水平，难免有内容的“漏网之鱼”，而人工处理又需要时间。从安卓系统的应用商店显示，该 App 下载量为 657.3 万，面对如此庞大的用户群体，“审查疏忽”的解释显得过于苍白无力，针对未成年群体的内容审核，我们更应该破除技术依赖，协同多方力量，打造风清气正的内容生态。

据共青团中央维护青少年权益部、中国互联网络信息中心（CNNIC）联合发布的《2019 年全国未成年人互联网使用情况研究报告》显示，2019 年我国未成年网民规模为 1.75 亿，未成年人互联网普及率达到 93.1%。互联网对于低龄群体的渗透能力持续增强，32.9%的小学生网民在学龄前就开始使用互联网。目前市场上针对未成年人的网络信息产品和服务越来越多，包括早教、游戏、社交等不一而足，此类网络信息范围广、种类多。由于目标群体的特殊性，相关网络内容监督管理和针对性保护机制应具有更高的要求。

杜绝违禁内容的出现是未成年人网络生态（shēng tài）（ecology）治理的首要要求。未成年人正处在探索世界的关键阶段，充满了十足的好奇心，而且辨别能力不足，甚至因为“不禁不为”“愈禁愈为”的逆反心理（nì fǎn xīn lǐ）（rebellious mind），对此类违禁内容具有更多的探索欲望。自我约束能力在面对这些信息时，有时较难起到作用。如果在同伴之间传播开来，衍生的话题性和分享感更是会加速传播的进程。只有从根本上斩断违禁内容生产和传播的链条，才能更好地保护未成年人免受毒害内容的侵蚀。

人工审核的协同是处理违禁信息的关键。机器识别作为一种更高效、成本更低的审核方式，已经成为互联网内容安全审核的主力。但我们无法否认的是，目前的机器识别水平对于很多内容来说审核难度过大，且识别效果不准确，因此，我们不能对机器算法抱有过高的期待，必须要加强人工审核力度、提高审核标准。

家庭的引导和监督是内容安全防护不可或缺的一环。作为网络原住民的00后一代几乎可以无师自通地学会上网，但他们缺少的是必要的网络风险识别能力。很多父母经常用一部手机来让“熊孩子”们安静下来，但是也很容易让他们暴露于网络空间的危险之中。因此，即使是玩手机，父母的陪伴和引导也同样不可缺席。正在审议中的未成年人保护法特别提出了针对未成年人的网络保护，专家建议在第六十四条中增加完善针对未成年人的网络信息产品和服务的准入制度，加强对网络信息产品和服务的监管。我们期待，在顶层设计之下，能够切实多方合力，营造健康、文明、有序的网络环境，抵御不良侵害，为未成年人提供更多的成长力量。

（选自《浙江法制报》，常菲文，有改动）

◎ 练习

1. 解释下列词语的意思

（1）未成年人。

____

（2）轩然大波。

____

（3）紧急。

____

（4）漏网之鱼。

____

（5）普及率。

____

（6）自我约束能力。

____

2. 用适当的词语填空

（1）2019 年我国未成年网民规模为 1.75 亿，________互联网普及率达到93.1%。

（2）互联网对于低龄群体的渗透能力持续增强，32.9%的小学生网民在________就开始使用互联网。

（3）目前市场上针对未成年人的网络信息产品和服务越来越多，包括早教、游戏、社交等不一而足，此类网络信息________。

（4）________是未成年人网络生态治理的首要要求。

（5）只有从根本上斩断违禁内容________，才能更好保护未成年人免受毒害内容的侵蚀。

（6）____________是处理违禁信息的关键。

3. 根据课文内容判断正误

（1）家庭的引导和监督是内容安全防护不可或缺的一环。（　　）

（2）作为网络原住民的 00 后一代几乎可以无师自通地学会上网，他们有必要的网络风险识别能力。（　　）

（3）很多父母经常用一部手机来让“熊孩子”们安静下来，不会让他们暴露于网络空间的危险之中。（　　）

（4）因此，即使是玩手机，父母的陪伴和引导也同样不可缺席。（　　）

（5）机器识别作为一种更高效、成本更低的审核方式，已经成为互联网内容安全审核的主力。（　　）

（6）我们能对机器算法抱有过高的期待，必须要加强人工审核力度、提高审核标准。（　　）

第二十一课　刷脸时代不能漠视面部信息安全

◎ 生词

1.	极端	jí duān	（形）	extreme
2.	解锁	jiě suǒ	（动）	unlock
3.	考勤	kǎo qín	（名）	check on work attendance
4.	门禁	mén jìn	（名）	entrance guard
5.	窃取	qiè qǔ	（动）	steal
6.	违规者	wéi guī zhě	（名）	violator
7.	泄露	xiè lòu	（动）	leak
8.	牺牲	xī shēng	（动）	sacrifice
9.	受访者	shòu fǎng zhě	（名）	interviewee
10.	生物信息	shēng wù xìn xī	（名）	biological information

专　名

1. 刷脸	Shuā liǎn	face scan
2. 二维码	Èr wéi Mǎ	2D bar code

◎ 注释

1. 滥用：胡乱地或过度地使用。

◎ 课文

刷脸时代不能漠视面部信息安全

文章字数：850　　阅读时间：7 分钟

购物时“刷脸”支付，用手机时“刷脸”解锁，进小区时“刷脸”开门。如今，越来越多的事情可以“刷脸”，用人脸识别技术来解决。近日发布的一份报告显示，有九成以上的受访者都使用过人脸识别，不过有六成受访者认为人脸识别技术有滥(làn)用(yòng)（abuse）趋势，还有三成受访者表示，已经因为人脸信息泄露、滥用而遭受到隐私或财产损失。经调查发现，在某些网络交易平台上，只要花 2 元钱就能买到上千张人脸照片，而 5000 多张人脸照片标价还不到 10 元。相对于二维码，人脸识别无疑又是一次技术创新。而且，人脸识别可以广泛地应用到支付、考勤、门禁、解锁等方方面面。但应认识到，人脸识别的大规模应用，势必以确保信息安全为前提，否则，越便捷的技术，越有可能给用户带来麻烦甚至灾难。据业内人士称，目前最简单的人脸识别，只需要采集、提取人脸上的 6 个或 8 个特征点就能实现。

那么，一旦人脸信息丢失，或者数据库泄密，人脸识别就可能面临较大风险。当人们使用密码支付和二维码支付时，密码和二维码均可以更改或变换。手机丢失后，可以通过挂失等方式更换密码，还可通过相关操作让丢失手机中的 App 无法登录，进而确保安全。人脸识别则不同，因为面部等生物信息具有唯一性和不可更改性，一旦泄露，则处于不可逆转的状态，很可能出现个人资金被窃取，被他人“刷脸”进入小区甚至房间等极端事件。

虽然一些支付机构设置了安全措施，但未必能让人打消顾虑。有相关安全措施，并不代表能确保所采集的消费者生物信息不泄露，泄露后不被不法者非法使用。特别是，一些小区门禁、“刷脸”打卡等数据系统的维护能力和安全防护能力较弱，极易导致信息泄露，甚至不排除有人刻意出卖相应信息。

人脸识别作为一种创新，具有很大的便利性，但不能以牺牲安全为代价。值《个人信息保护法（草案）》公开征求意见之际，理当强化对人脸识别信息的保护力度，非经法定事由不得获取人脸信息，并严惩违规者。

（选自《经济参考报》，史洪举文，有改动）

◎ 练习

1. 解释下列词语的意思

（1）刷脸时代。

____

（2）人脸识别。

____

（3）二维码支付。

____

（4）不可逆转。

____

2. 用适当的词语填空

（1）如今，越来越多的事情可以“刷脸”，用______技术来解。

（2）近日发布的一份报告显示，有九成以上的受访者都使用过人脸识别，不过有六成受访者认为人脸识别技术有滥用趋势，还有 ______受访者表示，已经因为人脸信息泄露、滥用而遭受到隐私或财产损失。

（3）经调查发现，在某些网络交易平台上，只要花______钱就能买到上千张人脸照片。

（4）人脸识别可以广泛地应用到______等方方面面。

（5）但应认识到，人脸识别的大规模应用，势必以确保________为前提。

（6）人脸识别作为一种创新，具有很大便利性，但不能以牺牲______为代价。

3. 根据课文内容判断正误

（1）刷脸时代不能漠视面部信息安全。（　　）

（2）一旦人脸信息丢失，或者数据库泄密，人脸识别就可能面临较大风险。（　　）

（3）相对于二维码，人脸识别不是一次技术创新。（　　）

（4）目前最简单的人脸识别，只需要采集、提取人脸上的 3 个特征点就能实现。（　　）

(5) 一些小区门禁、“刷脸”打卡等数据系统的维护能力和安全防护能力较弱，极易导致信息泄露，甚至不排除有人刻意出卖相应信息。(　　)

(6) 面部等生物信息没有唯一性和不可更改性。(　　)

(7) 虽然一些支付机构设置了安全措施，但未必能让人打消顾虑。(　　)

部分练习参考答案

第一课

1. 根据课文内容判断正误

（1）× （2）× （3）× （4）× （5）✓ （6）✓

2. 根据课文内容选择正确答案

（1）A （2）D （3）C （4）A （5）C （6）D

3. 用适当的词语填空

（1）伟大 伟大 （2）场 （3）目睹 （4）而且

（5）结合 （6）成为 （7）搭

第二课

1. 根据课文内容选择正确答案

（1）A （2）D （3）A （4）B （5）D （6）A

2. 选择对下列词或词组的正确解释

（1）A （2）A （3）A （4）B （5）B （6）A

3. 根据课文内容回答下列问题

（1）川藏公路全长两千多公里。

（2）川藏公路起初是筑路工人用铁锹、钢钳、铁锤等简易工具挖出来的。

（3）使人们的出行更加方便，也可以极大地缓解西藏物资紧缺状况，拉紧西藏与内地政治、经济、文化的纽带。

（4）从运输通道到经济走廊。

（5）国家投入巨资，设立武警交通部队常年守护川藏线最艰苦、海拔最高的800 公里路段。二郎山隧道、通麦天险、102 滑坡群等多处地段彻底疏通。

（6）支撑力强、效益显著。

4. 想一想，说一说：通过阅读，你能发现修建公路桥梁对现代化发展的意义有哪些吗？

略。

第三课

1. 根据课文内容选择正确答案

（1）A （2）B （3）D （4）D （5）D （6）A

2. 根据课文内容填空

（1）西安市长安区五台乡

（2）西安市与商洛市

（3）缓解司机的驾驶疲劳

（4）口径最大、深度最高的竖井通风工程

（5）双洞双线 （6）西安

3. 根据课文内容回答下列问题

（1）包头-茂名高速公路。

（2）采用双向四车道、单向两车道高速公路建设标准，设计行车速度每小时80 千米。

（3）隧道内的照明实行白天、夜间以及白天洞外天气条件有级调控，在隧道入口段、过渡段、出口段根据不同亮度要求设置加强照明。

（4）方便了群众安全快捷出行，节约了运输成本，对促进西部大开发战略的实施和陕西省与周边省市的经济交流具有十分重要的意义。

（5）世界上第一长双洞高速公路隧道；第一座由我国自行设计、施工、监理、管理、综合水平最高的隧道；世界口径最大、深度最高的竖井通风工程，最大井深661 米；拥有世界高速公路最完备的监控系统；世界上最先进的高速公路隧道特殊灯光带；运用首套策略自动生成软件，对火灾、交通事故、养护等方面进行自动监测和管理。

（6）5 公里。

第四课

1. 根据课文内容填空

（1）确诊病例和新增病例　　（2）暂时关闭离汉通道

（3）人民至上、生命至上　　（4）及时向学校反映

（5）扔进封闭垃圾箱内

（6）直接触摸扶手、电梯开关、门把手等公共设施

2. 根据课文内容判断正误

（1）✓　（2）✕　（3）✓　（4）✓　（5）✕　（6）✓

3. 词语填空

（1）心　力　　（2）众　成

（3）大　意　　（4）来　之

（5）守　望　　（6）同　共

4. 想一想，说一说：你对中国的防控措施怎么看？

略。

第五课

1. 根据课文内容判断正误

（1）✕　（2）✓　（3）✕　（4）✓　（5）✓　（6）✕

2. 根据课文内容选择正确答案

（1）A　（2）D　（3）A　（4）B　（5）D　（6）D

3. 根据课文内容在画线处进行填空

（1）启动　（2）“钱”途显现　（3）电子垃圾　（4）财政

（5）缺乏　（6）“互联网+”

4. 根据文章内容，谈谈你对电子废弃物处理的认识和看法

略。

第六课

1. 根据课文内容判断正误

(1) ✓ (2) ✓ (3) ✓ (4) ✓

2. 根据课文内容选择正确答案

(1) D (2) C (3) A (4) A (5) D (6) A

3. 根据课文内容在画线处进行填空

(1) 加热处理 (2) 功率不足

(3) 自适应 (4) 充电模式

4. 根据课文内容，谈谈你对动力电池热管理系统的理解和认识

略。

第七课

1. 根据课文内容判断正误

(1) ✓ (2) ✕ (3) ✓ (4) ✓

2. 根据课文内容选择正确答案

(1) B (2) A (3) C (4) A (5) A

3. 根据课文内容在画线处进行填空

(1) 废旧橡胶轮胎如合理回收利用

(2) 下降 (3) 强度 (4) 保温隔热性能

第八课

1. 根据课文内容判断正误

(1) ✓ (2) ✕ (3) ✓ (4) ✓ (5) ✓ (6) ✓

2. 根据课文内容在画线处进行填空

(1) 即时反应 (2) 专利产品证号

（3）施工噪音　　（4）发展
（5）偏心轴　　（6）变频器

3. 根据课文内容，你认为新型低噪混凝土振动棒的作用是什么？

略。

第九课

1. 根据课文内容判断正误

（1）✓　（2）✕　（3）✓　（4）✕　（5）✕　（6）✓

2. 根据课文内容在画线处进行填空

（1）母接头　（2）伸缩运动　（3）管片模具　（4）稳定性

3. 根据文章内容，你认为管片生产线浇筑工位振捣器自动插拔管装置的作用是什么？

略。

第十课

1. 根据课文内容判断正误

（1）✓　（2）✓　（3）✕　（4）✕　（5）✓
（6）✓　（7）✕　（8）✓　（9）✕　（10）✓

2. 选择合适的词语填空

（1）位于　（2）被　（3）已经　（4）通过
（5）技术　（6）左右　（7）与

3. 词语填空

（1）天　地　（2）共　生　（3）攻　关
（4）和　谐　（5）圆　方　（6）绿　色

4. 根据课文内容，说一说水立方建筑使用了哪些科学技术？

略。

第十一课

1. 根据课文内容填空

（1）632 米　（2）世界级的金融中心

（3）石库门　（4）城市生态

（5）不对称形体、锥形建筑轮廓和圆角设计

（6）城市环境　（7）双层透明幕墙

（8）人和环境

2. 选择合适的词语填空

（1）不仅　（2）任何　（3）通过　提供

（4）垂直　（5）一般　一样　（6）必须

3. 根据课文内容判断正误

（1）✓　（2）✓　（3）✓　（4）✕　（5）✕　（6）✓

4. 想一想，说一说：课文介绍了上海中心大厦的哪些方面，你知道的世界金融中心有哪些？

略。

第十二课

1. 根据课文内容选择正确的答案

（1）C　（2）A　（3）C　（4）B　（5）A　（6）D　（7）D

2. 根据课文内容回答下列问题

（1）鸟巢是第 29 届夏季奥运会的主体育场。占地 20.4 公顷，建筑面积 25.8 万平方米，可容纳观众 9.1 万人。

（2）位于北京奥林匹克公园中心区。

（3）北京夏季奥运会、世界田径锦标赛、亚洲文化嘉年华。

（4）鸟巢已成为代表国家形象的标志性建筑，超越了纯粹的体育或建筑概念，被赋予更加神圣而深邃的社会意义。

（5）观众服务设施、媒体工作区、贵宾接待区以及商业区等。

（6）下沉式。

3. 根据课文内容填空

（1）又　（2）再　（3）是　（4）长、宽、高　（5）上、中、下

4. 想一想，说一说：国家体育中心（鸟巢）的主体建筑是什么？

主体建筑是由一系列钢桁架围绕碗状座位区编制而成的椭圆鸟巢外形，南北长 333 米、东西宽 296 米，最高处高 69 米。

第十三课

1. 根据课文内容回答问题

（1）公元前 256 年。

（2）四川成都。

（3）无坝引水。

（4）都江堰渠首工程。

（5）鱼嘴分水堤、飞沙堰溢洪道、宝瓶口引水口。科学地解决了引水、泄洪、排沙等诸多问题，为都江堰灌区兴水之利、避水之害发挥了关键性的作用。

（6）都江堰渠首工程体系进一步完善，水资源调度配置能力进一步增强，灌区水利工程标准进一步提高。

2. 根据课文内容填空

（1）同时　（2）被　（3）是……的

（4）既……又　（5）已经　（6）重要

3. 词语填空

（1）盛 衰　（2）精 治　（3）首 尾

（4）上 下　（5）水 利　（6）避 害

4. 读完文章，请你介绍一下都江堰水利工程，并且说一说你知道的水利工程有哪些？

略。

第十四课

1. 用适当的词语填空

（1）条件　（2）可以/能/能够　（3）首先　（4）两边

（5）无论；都　（6）随着　（7）慢慢　（8）越来越多

2. 根据课文内容回答下列问题

（1）四合院。

（2）沿着纵轴线和横轴线进行设计。

（3）对称式平面和封闭式外观。

（4）便于安排家庭成员的住所，易形成安静舒适的生活环境。

（5）北京。

（6）既挡住了院内的杂乱，又藏住了主人的隐私。

3. 选择对下列词或词组的正确解释

（1）B　（2）B　（3）A　（4）A　（5）A　（6）B

4. 读完文章，谈谈你对北京四合院的看法

略。

第十五课

1. 根据课文内容选择正确答案

（1）C　（2）B　（3）A　（4）A　（5）D　（6）B

2. 用适当的词语填空

（1）既；也　（2）上方　（3）至　（4）适于

（5）达　（6）有的；有的　（7）一般　（8）但凡

3. 根据课文内容回答下列问题

（1）伞形。

（2）包的周围用柳条交叉编成的五尺高、七尺长的菱形网眼的内壁。

（3）蒙古包的大小，主要根据主人的经济情况和地位而定。

（4）现在蒙古族人民几乎完全定居在砖瓦房或楼房里。

4. 结合文章，你认为蒙古包的设计合理吗，为什么？
略。

第十六课

1. 根据课文内容选择正确答案
（1）A （2）B （3）A （4）C （5）D
2. 用适当的词语填空
（1）艺术 （2）重要 （3）可 （4）如果
（5）休闲 （6）融合 （7）意境美 （8）画面
3. 选择下列词语在文章中的正确含义
（1）B （2）A （3）B （4）B （5）A （6）B
4. 查找中国古典园林图片，说一下你最喜欢哪座园林，为什么？
略。

第十七课

1. 用适当的词语填空
（1）苗族 （2）中国 （3）一般 （4）按照
（5）属于 （6）特点 （7）被 （8）大大
2. 根据课文内容回答下列问题
（1）苗族的吊脚楼一般都是建造在斜坡上，分成两层或者三层。
（2）用来存放食物。
（3）“厂”字形。
（4）榫卯结构。
（5）可以承担较大的荷载，而且还允许出现一定的变形。
（6）高山山地地区。
3. 读完文章，说一说为什么叫“吊脚楼”？
吊脚楼的后半部分建在斜度比较大的山坡上，前半部分使用木柱子作为支撑形成吊脚柱，所以被称为吊脚楼。

第十八课

1. 根据课文内容回答下列问题

(1) 5G 网络具有传输速度快、响应时间快、连接范围广等特点，受到了社会的广泛期待。

(2) 会的。每一个新技术的产生都会有一段适应的过程，每一个新技术的产生前期也一定会有众多的阻碍和质疑，但随着技术的不断完善，新技术的优势会逐渐凸显并完全替代旧技术，完成新一轮技术的更新换代!

(3) 在 5G 信号还未全面覆盖时，就大面积地普及 5G，让 5G 提前“出生”，导致用户的体验感一再降低。

(4) 基站是 5G 投资的重要组成。公用移动通信基站是无线电站台的一种，在一定的无线电覆盖区中，通过移动通信交换中心，与移动电话终端之间进行信息传递的无线电收发信电台。

2. 用适当的词语填空

(1) 常客　(2) 价格　(3) 高数据速率、延迟减少

(4) 晚　(5) 新技术　(6) 百元

3. 根据课文内容判断正误

(1) ×　(2) ×　(3) ✓　(4) ✓　(5) ×　(6) ✓

第十九课

1. 解释下列词语的意思

(1) 人员密集的公共场所主要指：营业厅、观众厅，礼堂、电影院、剧院和体育场馆的观众厅，公共娱乐场所中出入大厅、舞厅，候机（车、船）厅及医院的门诊大厅等面积较大、同一时间聚集人数较多的场所。

(2) 英文缩写为 AI，它是研究、开发用于模拟、延伸和扩展人的智能的理论、方法、技术及应用系统的一门新的技术科学。

(3) 即波长范围在 1~10 毫米之间，也就是频率在 30GHz 到 300GHz 之间的无线电波。

(4) 广泛应用于 LTE、WLAN 等技术上面理论上，天线越多，频谱效率

和传输可靠性就越高。

（5）为了满足 5G 网络 Gbps 级的数据速率，需要更大的带宽。频率越高，带宽就越大，信道容量也就越高，因此，高频段连续带宽将成为 5G 的主流选择。

2. 根据课文内容填空

（1）快速发展　（2）5G　（3）超密集场所

（4）低延时、高可靠性、大容量

（5）毫米波、大规模 MIMO 技术、高带宽传输、新型空中接口技术

3. 根据课文内容判断正误

（1）✓　（2）✓　（3）✓　（4）✕　（5）✓　（6）✕

第二十课

1. 解释下列词语的意思

（1）未成年人一般是指未满十八周岁的公民。

（2）高高涌起的波涛，比喻大的纠纷或事件。

（3）必须立即采取行动、不容许拖延的。

（4）比喻侥幸脱逃的罪犯、敌人等。

（5）就是衡量传到、推广的程度，一般以百分比计算。

（6）指自制力、自控力、自律力。

2. 用适当的词语填空

（1）未成年人　（2）学龄前

（3）范围广、种类多　（4）杜绝违禁内容的出现

（5）生产和传播的链条　（6）人工审核的协同

3. 根据课文内容判断正误

（1）✓　（2）✕　（3）✕　（4）✓　（5）✓　（6）✕

第二十一课

1. 解释下列词语的意思

（1）电子考勤方式通过人脸识别技术进行考勤。只要把信息采集输入人

脸通之后，每次上班刷脸对准人脸通就实现了考勤记录。

（2）是通过观察比较人脸区分和确认身份的方式。

（3）使用者安装二维码识别软件后，在贴有二维码的地方简单刷一下就可以完成交易。

（4）形容不能倒转过来，多指局势或者局面。

2. 用适当的词语填空

（1）人脸识别　　（2）三成　　（3）2 元

（4）支付、考勤、门禁、解锁

（5）信息安全　　（6）安全

3. 根据课文内容判断正误

（1）✓　（2）✓　（3）✕　（4）✕　（5）✓　（6）✕　（7）✓

生 词 表

A

矮	ǎi	（形）	15
安静	ān jìng	（形）	14
安全	ān quán	（名）	2
按照	àn zhào	（动）	17

B

办法	bàn fǎ	（名）	16
包	bāo	（名）	15
包括	bāo kuò	（动）	4
保护	bǎo hù	（动）	1
北方	běi fāng	（名）	16
比赛	bǐ sài	（名）	10
必须	bì xū	（副）	11
辨别	biàn bié	（动）	20
变化	biàn huà	（名）	14
标准	biāo zhǔn	（名）	10
冰箱	bīng xiāng	（名）	5
并且	bìng qiě	（连）	8
不仅	bù jǐn	（连）	11
部分	bù fēn	（名）	11

C

材料	cái liào	（名）	11
层	céng	（名）	11
超过	chāo guò	（动）	11
场景	chǎng jǐng	（名）	19
彻底	chè dǐ	（副）	2
成功	chéng gōng	（名）	12
成果	chéng guǒ	（名）	4
成为	chéng wéi	（动）	10
城市	chéng shì	（名）	10
出发	chū fā	（名）	11
穿	chuān	（动）	17
传播	chuán bō	（动）	4
创新	chuàng xīn	（动）	3
从此	cóng cǐ	（副）	2
长	cháng	（形）	12

D

大幅	dà fú	（副）	19
抵御	dǐ yù	（动）	20
顶层设计	dǐng céng shè jì	（名）	20

东	dōng	（名）	12
冬	dōng	（名）	12
动物	dòng wù	（名）	16
杜绝	dù jué	（动）	20
对面	duì miàn	（名）	14
对于	duì yú	（介）	8

F

发生	fā shēng	（动）	14
发现	fā xiàn	（动）	7
发展	fā zhǎn	（名）	8
繁忙	fán máng	（形）	1
方便	fāng biàn	（形）	3
方向	fāng xiàng	（名）	15
防护	fáng hù	（动）	20
防止	fáng zhǐ	（动）	3
丰富	fēng fù	（形）	13
蜂窝	fēng wō	（名）	18
覆盖	fù gài	（动）	18
俯瞰	fǔ kàn	（动）	1

G

感觉	gǎn jué	（动）	8
高	gāo	（形）	17
个子	gè zi	（名）	6
根据	gēn jù	（介）	10
公里	gōng lǐ	（名）	1
公园	gōng yuán	（名）	10
购物	gòu wù	（名）	11
关键	guān jiàn	（名）	10
关系	guān xì	（名）	10
观众	guān zhòng	（名）	12
管理	guǎn lǐ	（名）	11
光	guāng	（名）	10
规范	guī fàn	（名）	19
贵	guì	（形）	17
国际	guó jì	（名）	10
国家	guó jiā	（名）	5
过程	guò chéng	（名）	8
过去	guò qù	（名）	14

H

还是	hái shì	（动）	14
核心	hé xīn	（名）	19
花	huā	（名）	15
环境	huán jìng	（名）	5
缓解	huǎn jiě	（动）	2
活动	huó dòng	（名）	12
火	huǒ	（名）	10
或者	huò zhě	（连）	7
获得	huò dé	（动）	8

J

基础	jī chǔ	（名）	16
几乎	jī hū	（副）	15
极端	jí duān	（形）	21
技术	jì shù	（名）	9
驾驶	jià shǐ	（动）	1

坚持	jiān chí	（动）	4
艰苦	jiān kǔ	（形）	2
减少	jiǎn shǎo	（动）	4
健康	jiàn kāng	（名）	13
讲	jiǎng	（动）	14
交	jiāo	（动）	15
交通	jiāo tōng	（名）	2
焦虑	jiāo lǜ	（名）	3
接待	jiē dài	（动）	2
街道	jiē dào	（名）	14
节省	jié shěng	（动）	11
结果	jié guǒ	（名）	9
结合	jié hé	（动）	1
结束	jié shù	（动）	2
解决	jiě jué	（动）	7
解锁	jiě suǒ	（动）	21
进行	jìn xíng	（动）	9
紧锣密鼓	jǐn luó mì gǔ	（成语）	18
经济	jīng jì	（名）	2
经验	jīng yàn	（名）	3
经营	jīng yíng	（动）	2
举办	jǔ bàn	（动）	10
巨大	jù dà	（形）	1
决定	jué dìng	（动）	6

K

考虑	kǎo lǜ	（动）	10
考勤	kǎo qín	（名）	21
科学	kē xué	（名）	10
可以	kě yǐ	（副）	17
空气	kōng qì	（名）	9
空调	kōng tiáo	（名）	5
快速	kuài sù	（形）	3
宽	kuān	（形）	12

I

老	lǎo	（形）	14
了解	liǎo jiě	（动）	5
离开	lí kāi	（动）	16
历史	lì shǐ	（名）	12
联系	lián xì	（名）	2
楼	lóu	（名）	11
乱	luàn	（形）	14
绿	lǜ	（名）	10

M

满	mǎn	（形）	14
蔓延	màn yán	（动）	4
毛	máo	（名）	15
门禁	mén jìn	（名）	21
米	mǐ	（名）	11
民族	mín zú	（名）	15
名片	míng piàn	（名）	2
明亮	míng liàng	（形）	3
魔术	mó shù	（名）	18
目的	mù dì	（名）	8

N

能力	néng lì	（名）	9

难	nán	(形)	10
南	nán	(名)	12
能耗	néng hào	(名)	19

P

配合	pèi hé	(动)	4
培育	péi yù	(动)	2
配置	pèi zhì	(名)	19
疲劳	pí láo	(形)	3
频率	pín lǜ	(名)	18

Q

起点	qǐ diǎn	(名)	3
奇迹	qí jì	(名)	2
窃取	qiè qǔ	(动)	21
侵蚀	qīn shí	(动)	20
清醒	qīng xǐng	(形)	4
其他	qí tā	(形)	7
驱动力	qū dòng lì	(名)	19
缺席	quē xí	(动)	20

R

然后	rán hòu	(副)	14
认为	rèn wéi	(动)	16
任何	rèn hé	(代)	11
融合	róng hé	(动)	2
如果	rú guǒ	(连)	16

S

伞	sǎn	(名)	15
设计	shè jì	(动)	3
设置	shè zhì	(动)	3
社会	shè huì	(名)	12
渗透	shèn tòu	(动)	20
生产	shēng chǎn	(动)	4
生活	shēng huó	(名)	8
生气	shēng qì	(名)	16
生物信息	shēng wù xìn xī	(名)	21
省	shěng	(名)	13
使用	shǐ yòng	(动)	8
世纪	shì jì	(名)	13
世界	shì jiè	(名)	5
适合	shì hé	(动)	8
受访者	shòu fǎng zhě	(名)	21
舒适	shū shì	(形)	2
疏忽	shū hū	(形)	4
水平	shuǐ píng	(名)	5
司机	sī jī	(名)	3
随着	suí zhe	(连)	8

T

探索	tàn suǒ	(动)	20
特别	tè bié	(形)	5
特点	tè diǎn	(名)	10
特殊	tè shū	(形)	3
提高	tí gāo	(动)	5

提供	tí gōng	（动）	9
提问	tí wèn	（动）	4
体育	tǐ yù	（名）	10
条件	tiáo jiàn	（名）	14
通畅	tōng chàng	（形）	2
通过	tōng guò	（介）	10
同时	tóng shí	（连）	9
推	tuī	（形）	14
腿	tuǐ	（名）	15

W

挖	wā	（动）	2
完全	wán quán	（副）	15
碗	wǎn	（名）	12
万	wàn	（名）	11
威胁	wēi xié	（动）	2
违规者	wéi guī zhě	（名）	21
伟大	wěi dà	（形）	1
温度	wēn dù	（名）	9
文化	wén huà	（名）	10
无论	wú lùn	（连）	14

X

牺牲	xīs hēng	（动）	21
先进	xiān jìn	（形）	3
新颖	xīn yǐng	（形）	1
泄露	xiè lòu	（动）	21
需要	xū yào	（动）	6
效果	xiào guǒ	（名）	8
夏	xià	（名）	12
西	xī	（名）	12

Y

演唱	yǎn chàng	（名）	19
亚洲	yà zhōu	（名）	15
仰望	yǎng wàng	（动）	1
要求	yāo qiú	（动）	7
一般	yì bān	（形）	15
一定	yí dìng	（动）	7
艺术	yì shù	（名）	16
影响	yǐng xiǎng	（名）	7
优秀	yōu xiù	（名）	9
由于	yóu yú	（介）	13
又	yòu	（副）	10
与	yǔ	（连）	10
阅读	yuè dú	（动）	9
允许	yǔn xǔ	（动）	17

Z

造型	zào xíng	（名）	1
增加	zēng jiā	（动）	8
盏	zhǎn	（量）	3
政府	zhèng fǔ	（名）	4
只有	zhǐ yǒu	（连）	14
值得	zhí dé	（动）	8
植物	zhí wù	（名）	16
智慧	zhì huì	（名）	1
种类	zhǒng lèi	（名）	20

重点	zhòng diǎn	（名）	8
重要	zhòng yào	（形）	3
周围	zhōu wéi	（名）	15
主要	zhǔ yào	（形）	7
壮观	zhuàng guān	（形）	1
准确	zhǔn què	（形）	9
自然	zì rán	（名）	1
自信	zì xìn	（名）	1
总结	zǒng jié	（动）	13
最	zuì	（副）	3
左右	zuǒ yòu	（助）	10
作用	zuò yòng	（名）	13
座	zuò	（量）	1
座位	zuò wèi	（名）	1